25000 KILOMETER CHINA – DER REISEWEG

LORENZ · ALLEIN DURCH CHINA

PETER LORENZ

Allein durch China

25000 Kilometer durch das Reich der Mitte

PIETSCH VERLAG · STUTTGART

Einbandgestaltung: Siegfried Horn

Bildnachweis: Peter Lorenz 66; Dieter Lorenz 19; Susanne Rahause 24; Peter Hessel 9; Roswitha Ziegler 6; Iris Schanz-Tempelhoff 2.

ISBN 3-613-50051-5

1. Auflage 1987

Eine Abteilung des Buch- und Verlagshauses Paul Pietsch GmbH & Co. KG.

Satz und Druck: Präzis-Druck GmbH, 7500 Karlsruhe 51
Bindung: Großbuchbinderei Josef Spinner, 7583 Ottersweier
Printed in Germany.

Inhalt

Dankwort

Ich danke all denen recht herzlich, die mir mit Rat und Tat bei der Zusammenstellung dieses Buches geholfen haben, insbesondere meinem Vater sowie Susanne Rahause, Iris Schanz-Tempelhoff, Roswitha Ziegler und Peter Hessel, die den Abbildungsteil mit eigenen Fotos bereicherten.
Wertvolle Informationen aus eigenen Reisen bekam ich von Gerd Billau, Christa und Manfred Kühner sowie Helmut König.

Vorwort

Das vorliegende Reiselesebuch entstand 1985/1986 während und nach einer viermonatigen Chinareise als Einzeltourist. Selbstorganisiert und mit Rucksack legte ich im Reich der Mitte rund 25 000 Kilometer per Bahn, Bus, LKW, Schiff und Flugzeug zurück. Hinzu kommen ungezählte Kilometer auf Fußwanderungen und Fahrradtouren.

Bei dem Versuch, Erlebnisse und Erfahrungen für andere und auch für mich selbst niederzuschreiben, entstanden die hier zusammengefaßten Texte. Sie beschreiben teilweise konkrete Orte und Sehenswürdigkeiten, teilweise aber auch Situationen des Reisealltags, wie sie jeder Chinareisende erfahren kann. Die Schilderung des Erlebten und des Erlebnisses stand im Vordergrund. Wo es mir sinnvoll erschien, habe ich aber durchaus auch konkrete Hintergrundinformationen in die Texte einfließen lassen. Weitere Fakten und Tips zur Reisetechnik sind im Anhang zusammengefaßt.

Dieses Buch ist kein Reiseführer, es soll Ergänzung und Erweiterung der derzeit erhältlichen Chinaführer sein. Anregende, vorbereitende und motivierende Lektüre vor der Fahrt, begleitendes Lesebuch und Anlaß zur Diskussion auf der Reise. Und danach – vielleicht eine schöne Erinnerung für all die Chinafahrer, die selbst kein Reisetagebuch geschrieben haben!

Ich hoffe, daß meine Erlebnisse und Erfahrungen allen hilfreich sein können, die das vielfältige Reiseland China für sich entdecken, ob als Einzelreisender oder in der Reisegruppe, und daß recht viele eine ebenso interessante und erfüllte Zeit im Reich der Mitte zubringen werden wie ich.

Willkommen in China!

1. Teil

REISEBERICHT

Vor der Reise – Erwartungen und Ängste

China – Reich der Mitte. Drittgrößtes Land der Erde. Heimat für mehr als eine Milliarde Menschen. Jahrtausendealte Kultur, wechselvolle Geschichte, fernöstliche Traditionen.

China – Kommunismus, begründet von Mao Tse Tung. Gesellschaftliches Experiment zur Bekämpfung der Not, vielfach umstritten, in seiner Auswirkung noch heute unabsehbar.

China – so unbekannt und geheimnisvoll nach langer Verschlossenheit. Eine Herausforderung.

Wir können heute auf eigene Faust das Reich der Mitte bereisen, China öffnet sich nun auch für den Einzeltouristen. Viele Ungewißheiten erwarten uns, nur wenige Informationen haben wir über das Land erhalten. Was wir gelesen und gehört haben, macht uns neugierig: die ungeheure Größe und Vielfalt des Landes und seiner Völker, seine reiche Geschichte und Kultur, auch die bemerkenswerte politische und gesellschaftliche Entwicklung der letzten Jahrzehnte. Das reizt zu entdecken!

Gleichzeitig stehen aber auch Ängste am Beginn der Reise: Werden wir überall öffentliche Verkehrsmittel und Wege finden, die großen Entfernungen in diesem Riesenland zu überwinden? Gibt es erschwingliche Übernachtungsmöglichkeiten auch für den Individualtouristen? Werden wir uns mit den Menschen in China verstehen und: wie werden wir uns verständigen? Werden wir als Einzelreisende besondere Schwierigkeiten mit Bürokratie und Organisation in diesem Lande haben?

Zwei Monate haben wir für unsere Chinareise vorgesehen. Sollten die Schwierigkeiten und Anstrengungen im Lande uns allerdings zu groß werden, wollen wir auch schon früher wieder ausreisen.

Am 21. September 1985 ist es dann soweit.
Flughafen Rhein-Main, Frankfurt.
Aufruf zu Flug PK 716 nach Peking.
Das Abenteuer China beginnt für uns.

Der Lamatempel in Peking gehört zu den größten und schönsten tibetisch-buddhistischen Tempeln der Welt. Er wurde im 16. Jahrhundert erbaut und nach den Wirren der Kulturrevolution 1980 wiedereröffnet.

Der Norden

Peking – In der Hauptstadt

»Der ganze Plan ist mit großer Regelmäßigkeit angelegt und die Straßen sind so gerade, daß man, wenn man durch eines der Tore in die Stadt kommt, das Tor auf der gegenüberliegenden Seite derselben erblicken kann. So gleicht die Stadt einem Schachbrett und weist einen Grad von regelmäßiger Schönheit auf, der unbeschreiblich ist.«

Schon Marco Polo rühmte mit diesen Worten Khanbeilik, eine der größten Städte der Welt im 13. Jahrhundert. Für mich war Peking erste Station meiner Chinareise, unvermittelter Einstieg in das Reich der Mitte am Flughafen der Stadt. Gespannt war ich auf die Hauptstadt des Landes, die Metropole mit über zehn Millionen Einwohnern und ihrer reichen Geschichte. Gespannt auch auf die Zeugen dieser Vergangenheit, allen voran die – einstmals verbotene – Innere Stadt des Kaiserpalastes. Schon bei der ersten Fahrt durch Peking fällt die ungeheure Dimension und Ausdehnung der Stadt auf. Bis 1949 durfte kein Gebäude errichtet werden, das den Kaiserpalast überragt. Daher dehnte sich Peking rasch in der Fläche aus.

Vom gleichmäßigen Schachbrettraster und »regelmäßiger Schönheit« ist in weiten Teilen der Stadt heute nicht mehr viel zu erkennen – nach 1949 und besonders in der Kulturrevolution wurden 80 % der alten Bausubstanz zerstört! Die Stadt wurde gründlich umgebaut, zunächst aus ideologischen Gründen, dann unter der Zielsetzung von Fortschritt und Modernität.

Wir fahren auf breit angelegten Straßen vorbei an modernen Quartieren gleichförmiger Wohnblocks und vorbei an den neuen Hotelbauten und Bürohochhäusern der Innenstadt. Wenige Fahrzeuge sind in den Straßen unterwegs, dafür aber ein Meer von Fahrradfahrern!

Doch moderne Stadtviertel wechseln ab mit Quartieren alter Prägung: Wer etwas sucht, kann das alte Peking auch heute noch entdekken, nicht alles ist zerstört.

Hutungs, niedrige, dichtgedrängte Wohnhauszeilen, bestimmen den Charakter dieser Stadtquartiere. Wir durchschlendern engwinklige Gassen, in denen das Alltagsleben noch weitgehend im Freien stattfindet. Kinder spielen auf der Straße, alte Frauen sitzen auf kleinen Schemelchen vor der Haustür, Straßenhändler bieten Zuckerwerk und Bilderheftchen an. Um kleine Mäuerchen herum, die bösen Geistern den Zutritt verwehren sollen, blicken wir in enge Wohnhöfe, an denen oft mehrere Familien in einfachen Einraumwohnungen leben. Immer wieder müssen wir in den engen

Gassen vor rasanten Fahrradfahrern ausweichen.

Gleich um die Ecke liegt eine der breiten und belebten Geschäftsstraßen der großen Stadt. Das Warenangebot der zahlreichen Geschäfte und Kaufhäuser ist reichhaltiger, als wir erwarteten. In den vollbesetzten Speiselokalen lärmen die Gäste. Es ist Hauptgeschäftszeit und auf den Gehsteigen drängt sich ein dichter Passantenstrom. Die Menschen hier sind schon etwas bunter gekleidet als die Bewohner vom Lande, doch noch immer herrschen Blau- und Grüntöne vor, bestimmen traditionelle Normanzüge und Arbeitermützen das Bild der Straßen in Peking. Auf der Fahrbahn zieht ein dichter Strom Hunderter, ja Tausender von Fahrradfahrern dahin, durch den sich die wenigen Kraftfahrzeuge mühsam einen Weg bahnen.

Die Entdeckung dieser Stadt auf dem »Drahtesel« wird auch für uns zum unvergeßlichen Erlebnis. Es ist faszinierend, sich im endlosen Strom der Radler mittreiben zu lassen, und gibt mir ein intensives Gefühl des Miterlebens, des Eintauchens in den chinesischen Lebensalltag.

Wie Inseln im riesigen steinernen Meer dieser Stadt aus Alt und Neu wirken auf mich die Parkanlagen und die traditionellen Palast- und Tempelkomplexe, an denen wir auf unseren Entdeckungsfahrten mit Fahrrad oder Stadtbus immer wieder vorüberkommen.

Ich stehe auf dem Tiananmen, dem größten Platz der Welt. Seine Weite wird selbst durch die mächtigen umgebenden Gebäude nur schwach gefaßt: die Halle des Volkes, das Museum der Revolution, das Mausoleum für Mao Tse Tung und – der Kaiserpalast.

Der Tiananmen-Platz in Peking gilt als größter Platz der Welt. An ihm liegt neben dem Kaiserpalast auch das Mausoleum für Mao Tse Tung.

Einst »Verbotene Stadt«, ist der Kaiserpalast in Peking heute dem ganzen Volk geöffnet. Die Anlage stammt aus dem 15. Jahrhundert und umfaßt über 700 000 qm Fläche.

Durch mächtige Torbauten trete ich ein in diese einstmals verbotene Innere Stadt. Ich durchschreite weite Gartenhöfe und verharre bewundernd vor prächtigen Empfangshallen. Halle der höchsten Harmonie. Halle der vollkommenen Harmonie. Halle der erhaltenden Harmonie.

Auf diese gewaltigen Bauten mit ihren elegant gestuften Dächern, den mächtigen Säulen und der reichen Verzierung folgen die Wohngebäude der inneren Palastanlage, die ihnen in Schönheit um nichts nachstehen: Palast der himmlischen Reinheit. Halle der Ewigkeit. Halle des irdischen Glaubens. Schon ihre Namen lassen die Schönheit dieser Bauten erahnen.

Im hinteren Bereich der Palaststadt finde ich die Anlagen der kaiserlichen Gärten. Kleinteiligkeit und liebevolle Details stehen in Kontrast zur Weite und Machtgebärde der vorangegangenen Paläste und Höfe. Hier gibt es Goldfischteiche, künstliche Felsberge und duftende Blütenbüsche zu bewundern.

Gleich hinter dem Kaiserpalast erhebt sich der »Kohleberg«, ein Parkhügel mit hübschen Pagoden und wundervollem Blick über die

Der Himmelstempel in Beijing aus dem 15. Jahrhundert beeindruckt durch die Harmonie und Schönheit der Architektur. Der wuchtige Holzbau wurde unter den Ming als Erntedanktempel des Kaisers errichtet.

Von den Pavillons des Sommerpalastes schweift der Blick weit hinüber zu einem Vorort der Hauptstadt mit modernen Wohnhochhäusern.

Guterhaltene Paläste und Pavillons, schöne Brücken und Wandelgänge machen den einstigen Sommerpalast der Ming und Qing bei Beijing heute zu einem beliebten Ausflugsziel der Stadtbewohner.

Stadt. Ich schaue hinüber in den Beihai-Park den bevorzugten Treffpunkt der Liebespaare, mit seinem Lotossee, der strahlendweißen tibetanischen Pagode und der eindrucksvollen Drachenwand. In der Weite der Grünanlagen vergesse ich fast, inmitten einer geschäftigen Großstadt zu sein.

Unter den zahlreichen Tempeln der Stadt beeindruckten mich am meisten der Tiantan-Tempel, der Lamatempel Yonghegong sowie der Konfuzius-Tempel im Norden der Stadt. Im Tiantan, dem Himmelstempel, bewundere ich harmonische Proportionen und Schönheit des mächtigen hölzernen Rundbaus. Der Yonghegong gehört zu den schönsten und größten tibetisch-buddhistischen Tempeln der Welt und beherbergte einstüber 1 500 Mönche.

Auch die Umgebung Pekings birgt großartige Sehenswürdigkeiten. In einem chinesischen Touristenbus machen wir einen Tagesausflug zur Großen Mauer und zu den Gräbern der Ming-Kaiser.

Die chinesische Mauer wurde über Jahrhunderte als gewaltige Befestigungs- und Verteidigungsanlage gegen die Völker des Nordens

Mit dem Bau der großen Mauer als Schutzwall gegen kriegerische Nachbarvölker wurde bereits 700 v.Chr. begonnen. Unter den Ming erreichte sie ihre heutige Länge von über 6 000 Kilometern. Als einziges Bauwerk auf der Erde ist sie sogar vom Mond aus zu sehen.

errichtet. Hunderttausende waren mit dem Bau beschäftigt, Unzählige mußten dabei ihr Leben lassen. Noch heute sprengen die gewaltigen Dimensionen unsere Vorstellungskraft.

Im Ort Badaling an der Mauer angekommen, müssen wir uns zunächst einen Weg bahnen durch die großen Massen der Touristen aus dem In- und Ausland, die auch den Verteidigungswall selbst auf dem zur Besichtigung freigegebenen Teilstück bevölkern. Mühsam quälen sich manche die steil mit den Berghängen aufsteigenden und abfallenden Mauerabschnitte hinauf. Ich gehe bis ganz an das Ende der geöffneten Mauerstrecke, lasse die Menschenmassen hinter mir. Hier kann ich an einem unrestaurierten Mauerstück den Aufbau der Wallstraße erkennen und blicke die Anlage entlang, die sich wie eine gigantische Schlange über Berge und durch Täler windet bis an den Horizont, nein – noch viel weiter! Welch gewaltige Leistung zu einer Zeit, da Europa noch im finstersten Mittelalter steckte! Der Ausflug führt uns weiter zu den Grabanlagen der Ming-Kaiser, etwa 40 Kilometer von Peking entfernt. Tore und Hallen, Turmbauten und unter künstlichen Hügeln verborgene Grabkammern sind hier zu besichtigen. Am meisten fasziniert mich jedoch die »Straße der Wächter«, der Hauptzuweg zur Gesamtanlage. Durch mehrere Torbauten gelangt man zu diesem Straßenabschnitt, der von steinernen Tierfiguren sowie Statuen von Beamten und Generälen flankiert wird. Sie sollten die Gräber der Kaiser bewachen und böse Geister vertreiben. Heute beeindruckt mich ihre versteinerte Würde und der Kontrast zwischen diesen langen Reihen exotischer Wächter und dem Gedränge der Fahrzeuge und Fußgänger auf der Straße zwischen ihnen.

Genossen habe ich auch den Ausflug von Peking zum nahen Sommerpalast, den sich die Kaiser als Gegenstück zu ihrem Stadtpalast errichteten. Um einen großen künstlichen See wurde ein weitläufiger Park angelegt mit malerischen Pavillons und Ruheplätzen, klassischen Palastbauten und einer mächtigen Pagode. Arkadengänge mit reicher Deckenbemalung verbinden elegante Empfangshallen mit geschwungenen Dächern und erlesenem Mobiliar. Geometrische Innenhöfe mit angenehmer Proportion stehen im Gegensatz zu frei gestaltetem Naturgarten. Majestätisch schwingt sich eine Bogenbrücke hinüber zur kleinen Insel im See; weich wiegen die Lotosblätter im Wind und leuchten im warmen Licht der Sonne. Eine Welt der Schönheit und Harmonie – einst wenigen Privilegierten vorbehalten, heute dem ganzen Volke zugänglich.

Am Abend wird es früh still in der Millionenstadt Peking. Abgesehen von wenigen Hauptachsen sind die Straßen bald leer und verlassen, rasch verlöschen die Lichter.

Und doch gibt es auch jetzt noch Einiges zu entdecken für den Besucher der Stadt! Ein Besuch der Peking-Oper im Chang'an-Theater oder bei einer Vorführung einer der weltberühmten Artistentruppen wird zum unvergeßlichen Erlebnis. Auch ein Peking-Ente-Essen ist ein »Muß« für jeden Besucher, etwa im stets überfüllten Entenrestaurant in der Qianmen Lu.

Den anschließenden Kaffee nehmen wir in der Halle des Beijing-Hotels zu uns. Hier, im führenden Hotel der Stadt, herrscht ein ständiges Kommen und Gehen. Geschäftsleute und Reisende aus aller Herren Länder begegnen sich hier. Schon die prachtvolle Ausstattung der Empfangshallen und ein Blick von der Dachbar lohnen einen kurzen Besuch in diesem Hotel.

Peking – vielgesichtige Metropole und Hauptstadt des Reiches der Mitte. Ein Großteil seiner Faszination geht auch von der Tatsache aus, daß Peking – wie das ganze Land – lange

Geschicklichkeit und Schnelligkeit der Chinesen fallen beim Besuch von Fabriken und Werkstätten auf (oben und darunter rechts). Hier wird noch sechs Tage in der Woche gearbeitet, der Jahresurlaub der Arbeiter beträgt kaum mehr als eine Woche. Dafür zählen längere Ruhepausen und gemeinsame Gymnastikübungen auch zur Arbeitszeit.

Links: Diese Elfenbeinschnitzerin fertigt in feinster Handarbeit kleine Kunstwerke.

Kinder sind der Stolz und die Freude der Chinesen. In den ersten Lebensjahren ist ihnen alles erlaubt, mit der Schulzeit beginnen sie dann, in die Gesellschaft hineinzuwachsen, in der ein hohes Maß an Disziplin und Unterordnung des einzelnen unter den Gemeinschaftswillen verlangt wird.

Zeit verschlossen war und sich erst langsam dem Fremden öffnet. Zauber des Unbekannten. Kleine Unerwartetheiten und Alltagsentdeckungen.

Eine Stadt der gärenden Gegensätze auch zwischen Alt und Neu, zwischen großer Vergangenheit, jungem Gestern und Heute. Gegensätzlich wie die Wandlungen der jüngsten Geschichte und Politik in China.

Ungekannte Stimmungen auch – für eine Großstadt dieser Dimension. Alles etwas farbloser, etwas weniger grell als in den Metropolen des Westens. Alles etwas einheitlicher, geordneter, ruhiger. Einheit und Gegensatz.

Peking ist noch heute reich an historischen Palast- und Tempelbauten, reich an touristischen Sehenswürdigkeiten. Und – die Stadt ist reich an uns so fremden Stimmungen und Situationen, reich durch die Vielfalt der Beobachtungen.

Der Kampf von Gut und Böse – Eine chinesische Oper –

Scharfer Ton der Geige, schriller Klang der Flöte. Ohrenbetäubendes Lärmen der Becken, Paukenschläge in schneller Folge. Der Vorhang geht auf – die chinesische Oper beginnt.

Ob im Konzertsaal, im Teehaus oder auf einer improvisierten Straßenbühne – immer wieder wird sie mir in all ihren Variationen zum Erlebnis, fremdartig, unverständlich auch und für mich voller Dissonanzen und Grellheiten, aber – gerade deshalb: faszinierend.

Ein gemaltes Bühnenbild in duftigen Farben begleitet den ersten Akt. Ein höfischer Palast in künstlicher Perspektivzeichnung erinnert uns daran, daß das Stück aus der chinesischen Feudalzeit stammt. Nur zwei oder drei Darsteller sind es zunächst, die uns in ihren prachtvollen Kostümen und mit grellgeschminkter, symbolträchtiger Maske bezaubern. In dramatischer Rede, eindrücklicher Gestik und schrillem Gesang führen sie in das Stück ein, das vom Kampf zwischen Gut und Böse erzählt, vom Kampf zwischen Liebe und Haß.

Eine zarte junge Frau klagt in ergreifendem Sprechgesang von Unrecht und Leid; ein despotischer Herrscher demonstriert seine Macht; Dunkelmänner schmieden üble Pläne.

Nicht die realistische Darstellung und das harmonische Spiel stehen im Vordergrund, sondern symbolisch überbetonte Einzelgesten und der starke Ausdruck der Masken. Wirkung und Dramatik werden verstärkt durch die einsetzenden Klänge der Musik, für unser Ohr so schrill und unharmonisch, aber in ihrem Rhythmus doch so aussagestark.

Abrupt endet der erste Akt, der Vorhang fällt.

Für kurz entspannen sich die Gesichter der greisen Frauen und Männer in den ersten Zuschauerreihen, die wie gebannt der alten Erzählung folgen, mitleiden und mithassen, sichtbar ergriffen sind vom Spiel.

Der zweite Akt beginnt mit neuem Bühnenbild – die Szene spielt in einem Park. Neue Figuren erscheinen, spielen im Dialog und auch in größerer Gruppe den Fortgang des Geschehens. Da gibt es Sheng, den jungen Mann, Dan, die junge Frau, Zhou, den Clown und zahlreiche andere, genau festgelegte Charaktere.

Die chinesische Oper ist ein Rausch der Farben und Kostüme, ein Inferno der Klänge. Obwohl ich die Handlung nicht verstehe, fasziniert sie mich für Stunden.

Mich faszinieren die Kostüme der Auftretenden: Prächtig, fast überladen sind sie mit ihrer feinen Goldstickerei, mit Bändern und Gürteln, mit dem aufwendigen, oft federgekrönten Kopfputz. Furchterregende Schwerter tragen die wehrhaften Charaktere, althergebrachtes Schuhwerk mit dicken Holzsohlen überhöht ihre Erscheinung. Besondere Faszination geht von den bemalten Gesichtern aus – nicht realistisch sind sie, sondern symbolisch verfremdet und dadurch umso wirkungsvoller. Puderweiße Masken gibt es da, purpurrosa Gesichter und auch grellbunt geschminkte Charaktere. Jede Farbe, jede Farbverteilung symbolisiert bestimmte Eigenschaften und Merkmale. Und unsere chinesischen Mitbetrachter erkennen daran genau, wann eine besonders wichtige oder bemerkenswerte Figur die Bühne betritt. Plötzlicher Beifall bricht dann aus, für mich oft unverständlich.

Über mehrere Stunden kann sich eine solche Opernaufführung erstrecken. Faszinierend in der Intensität der Farben und Charaktere, in der Exotik und Eindringlichkeit der Musik; dennoch bisweilen auch etwas ermüdend für mich, der ich noch so wenig begreife von der Symbolik, von der Handlung und ihren Hintergründen. Ermüdend auch durch die

Schwere der optischen und akustischen Sinneseindrücke – grell, schrill, laut.

Ermunternd sind da die kleinen Randbeobachtungen: das neugierige Spähen des Bühnenpersonals durch die Kulissentücher während der Aufführung, das Kommen und Gehen der Zuschauer, ihre Anteilnahme durch Beifall oder bestürzte Gesichter.

Der letzte Akt schließlich bringt den dramatischen Höhepunkt der Handlung und die Auflösung der Gegensätze. Alle Charaktere und Personen erscheinen noch einmal zu einem glanzvollen Szenenbild. Dramatik, Spannung, auch akrobatische Einlagen faszinieren mich. Der Böse muß nun sein Leben lassen. Furchterregend werden die Schwerter zum Tanz geschwungen.

Dann plötzlich: Abruptes Ende, Stille, der Vorhang fällt. Bevor ich es recht begriffen habe, ist das Stück zu Ende.

Datong – Tor zur Inneren Mongolei

Als Chinas Tor zur Inneren Mongolei kann Datong auf eine lange Geschichte zurückblicken. Schon im Mittelalter war hier die Hauptstadt der Wei. Heute ist die Stadt mit dem programmatischen Namen »Große Gemeinschaft« ein Zentrum der chinesischen Kohleförderung und des industriellen Aufbaus.

Eine kalte Sonne empfängt uns, als wir früh am Morgen aus dem Zug von Peking aussteigen. Ein staubiger kühler Wind weht aus der Mongolei herüber. Die Sommer können heiß werden hier, die Winter jedoch sind eisig kalt.

Bei der ersten Fahrt durch die Stadt begegnen uns nur wenige Busse und Lastkraftwagen. Privatfahrzeuge gibt es hier noch kaum. Dafür füllen besonders zur Hauptverkehrszeit große Massen von Fahrradfahrern die Straßen mit ihrem Klingeln.

Die alte Kernstadt ist von streng rechtwinkligem, fast quadratischem Stadtgrundriß geprägt. Einige breite Hauptstraßen umfahren und durchqueren die Innenstadt, zumeist besteht sie aber auch heute noch aus engen Gassen. Doch vieles ist hier im Umbruch! Nur wenige Straßenzüge bestehen noch gänzlich aus den traditionellen schmucken Stadthäusern. Wie auch in den Stadtrandbereichen werden überall in der Kernstadt moderne gesichtslose Wohnblöcke errichtet. Hastig werden weite Teile der Altstadt in ein Sanierungsgebiet verwandelt und verlieren dabei ihr charakteristisches Gesicht.

Wie hübsch und maßstäblich, wie sehr auch von Leben erfüllt sind dagegen die zentralen Bereiche der Stadt, die noch in ursprünglicher Form erhalten sind. Gleich hinter dem Hauptplatz mit den protzigen Bauten des Kaufhauses und der Parteizentrale beginnen die winkligen Gassen. Traditionelle Häuser mit einem oder höchstens zwei Geschossen sind hier zu geschlossenen Reihen aneinandergebaut. Sie haben weiße Steingiebel und geschwungene Satteldächer; ihre hölzernen Straßenfassaden sind dunkel lackiert und von zierlicher Kleinteiligkeit. Dahinter verbergen sich Krämerläden und kleine Werkstätten.

In den Straßen herrscht tagsüber ein dichtes Gedränge der Fahrräder und Fußgänger. An

Die Yingxian-Pagode aus dem 10. Jahrhundert ist der älteste erhaltene mehrgeschossige Holzbau in China. Beeindruckend sind die Feingliedrigkeit des Gebäudes, die Malereien und Statuen in seinem Inneren.

vielen Straßenecken hocken alte Männer und beobachten das Geschehen; Straßenverkäufer bieten Zuckerwerk und Wollsocken an. Die fremden Touristen werden auch hier von jedermann neugierig gemustert. Zwei Fahrradfahrer stoßen sogar zusammen, weil sie bei aller Starrerei nach uns »Langnasen« nicht auf den Weg geachtet haben!

Die Menschen sind hier noch nicht so bunt gekleidet wie in den Städten des chinesischen Südens. Die Einheitlichkeit der blauen und grünen Kleidung, die typischen Schirmkappen der Männer, die großen Ströme der Fahrradfahrer – all dies erinnert noch stark an den unschönen Vergleich mit Arbeitsameisen und an westliche Klischeebilder von der Volksrepublik China. Eselskarren in den Straßen, Stille und Dunkelheit schon am frühen Abend – man hat hier eher den Eindruck, in einer verschlafenen Provinzstadt zu sein als in einer rasch expandierenden Großstadt.

Auch einige alte Tempel sind in der Altstadt erhalten und zeugen von der Präsenz der wiedererstarkten Religion. Prachtvolle Statuen verbergen sich unter geschwungenen hölzernen Dächern und hinter den wuchtigen Tempelfassaden. Die eindrucksvolle Neun-Drachen-Wand im Herzen der Altstadt mit ihren buntglasierten Reliefs aus der Ming-Zeit ist eine einzige Verehrung dieses in der chinesischen Mythologie so bedeutenden Fabelwesens. In dem kleinen Garten vor der Mauer sehen wir gebeugte alte Frauen mit Strickkäppchen auf dem Kopf. Ihre winzigen Füße zeugen noch von der Unsitte des Fußeinbindens in früheren Zeiten.

So gibt es durchaus Einiges zu entdecken in Datong – schon die ihr eigene, herbe Atmosphäre ist die Reise wert. Die wirklichen Sehenswürdigkeiten jedoch liegen im Umland. Ein Ausflug führt uns durch triste Neubaugebiete und vorbei an den Fabriken am Stadtrand hinaus in dürres Hügelland. Förderanlagen und eine dicke schwarze Staubschicht auf den Hausdächern weisen auf den Kohleabbau hin. Eselskarren kommen uns entgegen, schwer beladen mit großen Kohlebrocken und begleitet von Arbeitern mit schwarzverschmierten Gesichtern.

Unser Weg führt zu einem der bedeutendsten buddhistischen Kunstwerke in China, zu den Yungang-Höhlen. 51 000 Buddhastatuen sind in den über 50 Höhlen aus dem Sandstein gehauen. Die verwitterten Reste der Reliefdarstellungen und der farbigen Fresken lassen die einstige Pracht und Schönheit der Anlage noch heute erahnen. Eine riesige Buddhabüste wacht über die Felswand, die die heiligen Höhlen und Nischen birgt. Wir sind beeindruckt von diesem Zeugnis tiefer Religiosität inmitten der unwirtlichen Landschaft.

Eine andere Fahrt führt uns in den Südwesten von Datong. Hier ist das Land lieblicher, sanft gewellt und intensiv landwirtschaftlich genutzt. Wir fahren durch kleine Bauerndörfer. Die langen Reihen traditioneller Häuser mit gewölbtem Dach sind oft tief in den Grund eingegraben zum Schutz vor den eisigen Winden der kalten Jahreszeit. Bauern stehen in Gruppen am Straßenrand. Sie haben Getreide auf der Fahrbahn ausgebreitet. Die vorbeifahrenden Lastwagen besorgen Ihnen die Drescharbeit.

Wir besuchen das »Hängende Kloster« am Hengshan, eine Gruppe zierlicher Tempel in schwindelnder Höhe an einer steil abfallenden Felswand. Die kühne Konstruktion wird von hölzernen Abstrebungen gehalten. Die Mönche, die diese entlegene Klause erbauten, mußten sich einst an Körben vom Gipfelplateau abseilen! Auf schmalen Holzstegen erreichen wir die Pavillons und Schreine mit ihren feinen Holzschnitzarbeiten und den steinernen Drachen, die ihre Dächer zieren. Ein Buddha ist

Eine gewaltige steinerne Buddhabüste wacht über dem Felsen, der die Höhlentempel der Yungang-Grotten birgt.

über und über mit Blattgold bedeckt. Im warmen Kerzenlicht scheint er in Meditation versunken.

Ein kurzes Wegstück weiter besuchen wir eine fast 60 Meter hohe Holzpagode, das älteste Gebäude dieser Art und Größe in China und eine Meisterleistung des Holzbaus. Elegant verjüngt sich der Turm nach oben hin, vielfach gegliedert durch vorgelegte Ziegeldächer und umlaufende Balkone. Im Halbdunkel des Inneren entdecken wir hölzerne Statuen; von den oberen Geschossen haben wir einen weiten Blick auf das Bauerndorf mit seinen traditionellen, gereihten Anwesen und auf das weite umgebende Land.

All diese Sehenswürdigkeiten und Entdekkungen machten den Besuch der Stadt Datong für uns sehr lohnend. Die Atmosphäre der Stadt, der Umbruch in diesem Zentrum der expandierenden Industrie zeigten uns ein Gesicht des neuen China. Es bleibt zu hoffen, daß hier in der Euphorie von Aufbau und Erneuerung nicht all die Fehler westlicher »Wirtschaftswunder« wiederholt werden, daß die Identität dieser geschichtsreichen Stadt nicht gänzlich verloren gehen wird.

Xian –
Die alte Kaiserstadt

Schon lange, bevor ich meine Chinareise vorzubereiten begann, hatte sich mir der Name Xian eingeprägt. Ich war fasziniert von den Berichten und Bildern der riesigen Terracotta-Armee am Grab des Kaisers Shi Huang Di, die erst 1974 zufällig von Bauern beim Brunnengraben entdeckt worden war. Fasziniert war ich auch, als ich hörte, daß Xian neben Rom und Konstantinopel einst größte Stadt der Welt gewesen sein soll, daß sie den Chinesen als Weltmittelpunkt galt und über 1000 Jahre lang Hauptstadt des Han-Kaiserreiches war.

Die Begegnung mit Xian enttäuschte dann meine hohen Erwartungen zunächst etwas. Ich fand mich in einer geschäftigen Großstadt, in der ich auf den ersten Blick kaum typische Atmosphäre finden konnte, deren reiche Geschichte und alte Tradition ich zunächst nur noch am Schachbrettmuster der Han-chinesischen Altstadt wiederzuerkennen glaubte. Auch erkannte ich an den vergleichsweise hohen Hotelpreisen sofort, daß ich hier in ein Zentrum des jungen chinesischen Tourismus' gekommen war. Hier konnte man kaum in einem der kleinen chinesischen Hotels unterkommen wie in anderen Städten. Auch der Versuch, mit den preiswert auf dem Schwarzmarkt ertauschten Renminbi, dem Volksgeld, das Zimmer zu bezahlen, scheiterte hier.

Doch schon bald entdeckte ich die vielen Sehenswürdigkeiten und historischen Bauten, die die Stadt trotz der Zerstörungen der Kulturrevolution noch zu bieten hat.

Das »Hängende Kloster« am Hengshan ist mit kühner Holzkonstruktion an eine fast senkrechte Felswand angebaut.

Mein erster Gang führt mich in die Mitte der alten Kernstadt, zum wuchtigen Glockenturm. Über einem mächtigen gemauerten Unterbau erhebt sich die filigrane hölzerne Konstruktion mit den typisch geschwungenen Ziegeldächern, reichen Schnitzereien und farbenprächtiger Bemalung. Hier wurde einst allabendlich die schwere Stadtglocke geläutet als Zeichen der Nachtruhe, die während der Mongolenherrschaft einer Ausgangssperre gleichkam.

Vom Glockenturm schaue ich entlang der sich hier kreuzenden Hauptachsen der Stadt und erblicke in der Ferne in allen vier Himmelsrichtungen ähnlich wuchtige Baukörper: die alten Stadttore in der wehrhaften Stadtmauer von Xian, jedes für sich zu einer Festung ausgebaut mit zwei Tordurchlässen und einem umschlossenen Innenhof zur Kontrolle und Verteidigung der Zugänge zur Stadt. Hier kamen einst auch die Handelskarawanen aus dem fernen Europa an, die in monatelanger Reise auf der alten Seidenstraße zu dieser Metropole des Fernen Ostens unterwegs gewesen waren.

Nur wenige Schritte vom Glockenturm entfernt erreiche ich das verwandte Gebäude des Trommelturmes. Ich durchschreite den Torbau – sofort verändert sich das Bild der Stadt: Hinter mir liegt die geschäftige Hauptstraße mit modernen Bauten und dichtem Verkehr, vor mir öffnen sich ruhige Wohngassen mit niedrigen Gebäuden und beschattenden Bäumen. Welch ein Wechsel – welch malerisches Straßenbild, welch intensive Atmosphäre! Ich bin in einem der noch intakten Altstadtviertel von Xian angelangt, im Quartier der Moslems, die einst über die alte Seidenstraße hierhergelangt waren.

Schuster, Blechner und andere Handwerker arbeiten hier in düsteren Erdgeschoßwerkstätten. Marktstände und Garküchen sind vor den Häusern aufgebaut. Die Hektik der großen Geschäftsstraßen dieser Stadt ist hier vergessen, die Menschen mustern uns neugierig, sprechen uns an, laden uns ein, zum Tee zu verweilen.

Ich folge einigen alten Männern mit Fez und fast arabischen Gesichtszügen in die Moschee – es ist Gebetsstunde. Hübsche Gartenhöfe mit blühenden Büschen prägen das Bild der jahrhundertealten Anlage. Die einzelnen Gebäude überraschen mich, der ich Moscheen nur aus dem arabischen Raum kenne, durch ihre Bauform, die fast exakt der der klassischen chinesischen Tempel entspricht. Selbst das Minarett hat hier die Gestalt einer perfekten Pagode.

Verwandte Bauten sehe ich später im Süden der Stadt. Mit ihren poetischen Namen sind die Große und die Kleine Wildganspagode eindrucksvolle Tempel des Buddhismus aus der Tang-Dynastie. Die erstere ist noch heute – oder vielmehr heute wieder – vielbesuchte Glaubensstätte mit einer Flucht hölzerner Tempelbauten, majestätischer Buddhastatuen voller Ruhe und Ausgeglichenheit, mit dem betörenden Duft unzähliger Räucherstäbchen.

Ein weiterer Entdeckungsgang der nächsten Tage führt mich in das Provinzmuseum der Stadt, eines der sehenswertesten Museen, die ich in ganz China fand. In dem ehemals konfuzianischen Tempel befinden sich hunderte von steinernen Stelen, viele von ihnen übermannshoch und dicht übersäht mit eingeritzten Texten und bildhaften Darstellungen, die von Geschichte und Philosophie des alten China berichten. Mich beeindruckt auch die reiche Sammlung von Sakral- und Gebrauchsgegenständen, besonders aus der Zhou-Dynastie. Antike Hausmodelle, Weingefäße, Tierdarstellungen werden gezeigt – kleine Kunstwerke aus Bronze, Ton und Stein. Die reiche Kultur, die hochentwickelten Handwerkstechniken

Die Armee der 6 000 tönernen Krieger bei Xian ist eine der berühmtesten Sehenswürdigkeiten von China. Sie wurde einst zum Schutz um das Grab des Kaisers Qin Shi Huang Di postiert.

des alten China werden mir beim Betrachten dieser konkreten Objekte, die teilweise fast 3000 Jahre alt sind, begreifbar.

Es ist nicht nur die Stadt Xian selbst, es ist auch die Umgebung, die Sehenswertes aus der reichen Geschichte birgt und den Aufenthalt lohnend macht. Ich besuche die Überreste der 6000 Jahre alten neolithischen Siedlung Ban Po mit interessanten Darstellungen von Wohnhäusern und Grabstätten, mit wissenswerter Information über die soziale Organisation der Siedlung. Weiter führt der Weg mich zu den heißen Quellen von Hua Qing mit hübschen Wasserbecken und traditionellen Holzpavillons.

Den Höhepunkt bildet schließlich der Besuch der Terracotta-Armee! Erst Anfang der 70er Jahre wurde sie entdeckt, bis heute wurde etwa ein Drittel der 6000 lebensgroßen Tonkrieger und -pferde ausgegraben. Sie waren hier einst zum Schutze des Grabes von Kaiser Shi Huang Di aufgestellt worden.

Das Grab selbst ist bis heute ungeöffnet. Niemand weiß, wie eine Öffnung – selbst mit modernster Technik – auf sicherem Wege möglich ist, nachdem sich die Wahrheit einer alten chinesischen Sage erwiesen hatte: Die Grabkammer des Qin-Kaisers soll als Abbild des Kosmos, über und über mit Diamanten besetzt, inmitten eines Quecksilbersees liegen! Mittels eines eigens aus Amerika eingeflogenen Suchgerätes fand man heraus, daß im Zentrum der Tonarmee über zwei Tonnen Quecksilber in der Erde verborgen sind!

Durch ein Dickicht von Touristenbussen und Souvenirständen finde ich meinen Weg zu der weitgespannten Halle, die heute die Tonarmee schützend überdeckt. Ich trete ein. Trotz der Besucherströme um mich, trotz der Künstlichkeit des Ortes bin ich sofort gebannt von dem, was sich hier vor mir ausbreitet: Tief eingegraben in den Lößboden stehen die lebensgroßen Tonkrieger in breiter Reihe vor mir. Dahinter eine zweite, eine dritte, fast unzählige Reihen. Krieger in unterschiedlicher Uniform gibt es hier; ihre Gesichtszüge sind klar ausgeformt, unterschiedlich bei jedem Einzelnen. Tönerne Pferde in vollem Rüstzeug begleiten die Armee, phantastisch erhalten und auch sorgfältig restauriert trotz ihres Alters von mehr als 2000 Jahren.

Bis heute bewacht diese Armee das Grab ihres Kaisers erfolgreich – wortlos und stumm, mit versteinertem Blick. Und doch so lebensecht, daß man kaum glaubt, vor einem künstlichen Werk von Menschenhand zu stehen, daß man fast atemlos vor dieser Armee der Tonkrieger und Schlachtrösser verharrt, gespannt und in Erwartung, sie könnte jeden Moment ausbrechen aus ihrem Schweigen, könnte ausbrechen aus der künstlichen Hülle, die man über ihr errichtet hat, aus der Masse der staunenden Besucher. Doch die Tonarmee verharrt still. Zeitlos.

Xian, die geschäftige, moderne Großstadt mit reicher Geschichte, war sicherlich keine erholsame Station unserer Reise, auch kein Ort insgesamt faszinierender Atmosphäre. Es war aber eine wichtige Station der Begegnung mit dem eindrucksvollen Reichtum chinesischer Geschichte und Tradition, mit sehenswerten Relikten dieser vergangenen Epochen. Ein lohnender Stop am Beginn der alten Seidenstraße, die uns von hier in die weiten Wüsten des chinesischen Westens führen sollte.

Chinesisch Essen

Unsicheres und ungelenkes Hantieren mit Eßstäbchen, unentzifferbare Speisekarten, fremdartige Gerichte und Gewürze – selbst das Essen in China kann zum kleinen Abenteuer werden!

Die Vielfalt der Küche ist berühmt, besonders im Süden, wo frische Zutaten oft in größerer Auswahl verfügbar sind als im Nordteil des Landes. Die Frische der Speisen ist beispielhaft – von ihr lernten nicht nur die Köche der „nouvelle cuisine“. Und die Kosten eines Essens im Hotelrestaurant oder im Straßenlokal, erst recht am Straßenstand, sind in der Regel lächerlich gering.

Abseits der touristischen Hotelrestaurants mache ich in den einfachen Straßenlokalen Beobachtungen und Bekanntschaft mit chinesischen Sitten und Gebräuchen, die allerdings oft gewöhnungsbedürftig sind. Da wird geschlürft und gesabbert; Knochen werden auf den Boden oder einfach auf den Tisch gespuckt; Abfälle sammeln sich unter den Stühlen. Sogar während des Essens läßt der Chinese die Zigarette nicht ausgehen, dazu trinkt er Hochprozentiges zur Verdauung. Doch auch die Tischsitten sind Teil des chinesischen Lebensalltags, den ich kennenlernen möchte,

In vielen Teilen von Nord- und Westchina sind Nudelgerichte als Grundnahrung zumindest ebenso verbreitet wie Reis. Diese Chinesinnen bereiten schmackhafte Nudelteigtaschen mit Fleischfüllung zu.

und was kümmert letztlich das Drumherum, wenn ich sehe, daß meine schmackhaften Speisen frisch zubereitet sind?

Vieles habe ich vor meiner Reise von der chinesischen Küche, einer der Großen der Welt, gehört und auch gekostet. Doch die im Ausland bekannten Speisen entstammen fast ausschließlich der Kanton-Küche, neben der noch viele andere Geschmacksrichtungen und lokale Zubereitungsformen die Vielfalt chinesischer Kochkunst ausmachen. Andererseits beschränken sich in China selbst Vielfalt der Speisen und Zutaten für den Durchschnittsbürger nur auf Festessen. Das tägliche Frühstück der Einheimischen besteht zumeist nur aus dicker Reissuppe, als Mittag- und Abendessen gibt es gefüllte Teigtaschen, Nudelsuppen oder große Schüsseln von Reis mit etwas Gemüse. Was für uns Touristen in jedem Restaurant preiswerte Leckerbissen sind, wo wir für wenig Geld in China fast die ganze Speisekarte durchprobieren könnten, da leistet sich der Chinese nur zu besonderem Anlaß etwas Leckeres.

In den Restaurants der kleinen Hotels und in den staatlichen Lokalen habe ich nur selten gegessen. Hier gibt es nur zu streng begrenzten Stunden eine Mahlzeit. Zudem sind das Interesse des Personals und die Qualität der Speisen nicht immer lobenswert. Doch fast überall in China finden sich inzwischen kleine Gaststätten oder Straßenstände, die mit mehr Eifer und in freier Konkurrenz privat betrieben werden.

Es ist bemerkenswert, daß gerade die Vielfalt der chinesischen Küche und die Besonderheit der schmackhaften Zubereitung traditionell aus einer Notsituation heraus geboren wurde. Angesichts chronischer Nahrungsmittelknappheit im dichtbevölkerten Land wurde seit jeher alles verspeist, was genießbar erschien. Angesichts der Brennstoffknappheit wurden die Zutaten in kleine Teile zerschnitten und nur kurz in der Kugelpfanne gebraten oder gedämpft, wodurch natürlicher Geschmack und Frische erhalten bleiben.

Als Grundbestandteil der Nahrung gilt in China, besonders im Süden, der Reis. Im Norden werden auch Nudeln verspeist, im äußersten Westen kommen Hirse und Mais hinzu.

Sehr gerne erinnere ich mich an einige typische Mahlzeiten dieser Chinareise.

Ein gutbürgerliches Restaurant in Peking. Feinere Tafeln für Funktionäre und Touristen im Obergeschoß – ein einfacher Speisesaal für Durchschnittsbürger zu ebener Erde (und zu geringerem Preis!). Spezialität des Hauses ist die berühmte Pekingente. Lecker gebratene Vogelteile, warme Fladenbrote mit Gewürztunke und eine große Terrine Enteneintopf werden serviert. Die Speisen sind sehr schmackhaft, aber gleichzeitig – wie oft in China – auch recht fett. Da tut ein Glas Reisschnaps nach dem Mahl gut!

Auf der Fahrt in den »Wilden Westen« Chinas erinnere ich mich an die kräftigen und schmackhaften Nudelsuppen, die es dort an jedem Rastplatz gab. An die scharf gebratenen Fleischspieße der Uiguren – Shish Kebab – und an ihre Mi Goreng mit Gemüse und Fleisch – gebratene Nudeln, lecker wie überall im Lande, aber hier noch ungleich feuriger gewürzt und gewiß nicht für zarte Geschmacksnerven! In Tibet saß ich oft bei fröstelnder Kälte an Straßenständen bei Mou Mou, den Maultaschen der Tibetaner, und bei Tschang, ihrem selbstgebrauten Gerstenbier. In den Gaststätten von Lhasa entdeckte ich erstmals das Prinzip, das in Südchina gang und gäbe ist: Man geht einfach in die Küche, deutet auf die gewünschte Zutaten und wählt sie in der richtigen Menge aus – sofort wird alles im Wok gegart und mit Reis serviert. Köstliche Kombinationen aus Sojasprossen, Paprika und Pilzen, aus So-

Kleine Essensstände und Garköche, die Exotisches zu Pfennigbeträgen anbieten, machen gerade die chinesische Küche zu einem kulinarischen Erlebnis.

jaquark und verschiedenen Fleischsorten, aus Ei und Tomate fanden wir mit der Zeit heraus!

In Chengdu wurde mir erstmals Schlange serviert – appetliche Fleischstückchen mit leichtem Fischgeschmack – offenbar eine Wasserschlange! Hier probierte ich mit Freunden zusammen auch das chinesische Fondue, ein köstliches Mahl, das eine ganze Tischrunde für Stunden unterhalten kann. Vielfältigste Zutaten, von Pilzen über Fleischstückchen und Fisch zu verschiedensten Gemüsen, werden roh serviert und vom Gast je nach Belieben und Auswahl in einem Kelch brodelnden Wassers gegart, der von einer feurigen Holzkohle am Sieden gehalten wird. Dazu gibt es verschiedene Salate, Reis und Gewürztunken.

In Yunnan erinnere ich mich an die leckeren Kuchen der Bäcker, an Erdnußplätzchen, Cremerollen und sogar französische Brötchen im Kaffeehaus von Kunming. In dieser Stadt habe ich mich jeden Tag besonders auf das Abendessen gefreut: zum Nachtmarkt ging es, wo zahlreiche Garküchen ihre frischen Speisen anbieten. Vielerlei Gemüse gibt es hier, Fisch und Fleisch, Krabben und Schnecken, Schlange – sogar Hund. Ich suche aus, was mir gefällt und bekomme es nach wenigen Minuten frisch gebraten serviert. Nur auf das Hundefleisch verzichte ich, nachdem ich die toten Körper der armen Kreaturen auf dem Markt gesehen und nachdem ich das Winseln aus den Leinensäcken hinter dem Straßenstand gehört habe.

Wem nach soviel chinesischen Speisen dann der Sinn nach Vertrautem steht, der kann das Richtige sogar in Dali, dem kleinen Städtchen am entlegenen Erhaisee, finden: Hier gibt es ein privates Lokal, wo man original »Rösti« und auch feurige »Pasta Asciutta« auf der Speisekarte findet. Die Rezepte stammen von heimwehkranken Langzeitreisenden!

Auch die Region Guangdong ist ein wahres Paradies für Feinschmecker. In kleinen Lokalen und an Straßenständen gibt es Exotisches zu kosten: Leckeren Wels, Tintenfische, passable Krebse und Wasserschildkröten. In den Hinterzimmern spezieller Lokale stehen zu besonderem Anlaß sogar lebendes Affenhirn, Bisamratte oder Zirbelkatze auf dem Menü – für Chinesen ganz besonders erlesene und auch kostspielige Delikatessen.

Mein größtes Problem gerade in Guangdong war jedoch, daß ich die armen Kreaturen, die ich verspeisen sollte, noch lebendig im Käfig oder Bottich vor dem Lokal oder Straßenstand beobachten konnte. Der Anblick und die Tötung des Tieres, dessen Fleisch wir ansonsten fast selbstverständlich essen, ist uns Europäern nicht gewohnt.

Oft wich ich auf Vegetarisches aus: leckere Früchte des subtropischen Südens und vielfältige Backwaren, Frühlingsrollen und gefüllte Ballen aus gedämpftem Reisteig. In Shanghai trieben mich Nostalgie und Heimweh in die ehemals deutsch geführten Kaffeehäuser nahe des »Bund« zu Cremeschnitten, Schokoladentorte und vorzüglichem Kaffee. So wurde die Chinafahrt für mich auch zu einer reichen kulinarischen Entdeckungsreise, obwohl – oder gerade weil – ich die Restaurants der großen Hotels mied, die bereits auf Touristengeschmack und deren Erwartung eingestellt sind. Ich wollte essen, was und wo der Chinese ißt. Besondere Tischsitten meiner »Mitesser« und auch besondere Speiseauswahl und -zubereitung – etwa ihre Vorliebe für Fett und Innereien – nahm ich dabei in Kauf.

Es hilft sehr, die Chinesen selbst in ihrem Verhalten zu beobachten. Man sollte essen gehen, wenn sie es auch tun – spät am Abend sind oft alle Lokale geschlossen und nichts Eßbares ist mehr zu finden! Man sollte Lokale besuchen, die auch von den Einheimischen bevorzugt werden, selbst, wenn man auf Sitzplätze warten muß – der Ortsansässige weiß am besten, wo er einen guten Gegenwert für sein Geld bekommt! Man sollte etwas flexibel sein, nicht mit allzu fest gefaßten Speisewünschen in ein Restaurant gehen, sondern bereit, aus dem Verfügbaren auszuwählen. Probieren und Entdecken!

Angesichts einer Essensmarkenverkäuferin vor unentzifferbarem Speiseplan ist es oft das Einfachste, geradewegs in die Küche zu gehen und auf die gewünschten Speisen zu zeigen. Wenn man dann noch ein wenig ratlos dreinschaut, wird einem einer der Köche sicherlich zum Kauf der passenden Essensmarke verhelfen! Darüberhinaus ist es natürlich sehr hilfreich, die chinesischen Wörter für die Zutaten und Gewürze zu lernen – es ist keineswegs unmöglich!

Wer sich die Techniken und Tricks des Essengehens in China erst einmal angeeignet hat, für den wird es gerade angesichts der Vielfalt der regionalen Küchen immer neuen Genuß und Erlebnis bieten.

Der Westen

Im Kloster Kunbum

Der dichtbesetzte Überlandbus von Xining rollt durch leichtgewelltes Hügelland, vorbei an weiten Getreidefeldern und kleinen Dörfern, vorbei an langen Reihen von Birken, deren Laub schon kräftig gelbe Herbstfärbung trägt. Wir sind auf dem Weg zum Kloster Kunbum, auch Ta Er Si genannt. Es ist das bedeutendste lamaistische Kloster außerhalb von Tibet. 1560 wurde es an der Geburtsstätte des Gründers der Gelbkappensekte errichtet.

Im Ort angekommen, hält der Bus an einer langen Reihe von Zelten, in denen Garküchen Nudelgerichte anbieten, oder Händler ihre Waren ausgestellt haben. Die Kunden unterscheiden sich mit ihren langen speckigen Fellmänteln, dem prachtvollen Türkisschmuck der Frauen und mit ihren scharfgeschnittenen, wettergegerbten Gesichtszügen deutlich von den Han-Chinesen. Es sind tibetanische Pilger, die von weither zu diesem Heiligtum gekommen sind. Unsere erste Begegnung mit den Menschen dieses uns so geheimnisvollen Volkes fasziniert mich sofort.

Vorbei an einer Reihe von großen Chörten erreichen wir eine alte Pilgerherberge, in der wir für wenig Geld nächtigen dürfen. Reichgeschnitzte und bemalte Arkaden umgeben den Hof der geschlossenen Anlage, über der bunte Gebetsfahnen im Wind flattern.

Die Klosteranlage selbst besteht aus mehreren Einzeltempeln, die sich in einem schmalen Taleinschnitt gruppieren. Unser Weg führt uns zunächst in das Hauptkloster, weithin sichtbar mit seinen goldenen Dächern. Mit einer Gruppe von Pilgern betreten wir durch ein reichgeschnitztes und buntbemaltes Tor den Eingangshof. Er ist umgeben von Arkaden mit bunten Wandmalereien. Im Gebäude der Gebetshalle erkennen wir die Sitzpolster der Mönche, auf denen sie ihre charakteristischen gelben Kopfbedeckungen zurückgelassen haben. Im warmen Schein hunderter von Butter-Lampem leuchten die goldenen Götterfiguren. Die Pilger verneigen sich ehrfürchtig. Om mani padme hum.

Nebenan umkreisen einige junge Frauen eine Kapelle mit einem reichgeschmückten Altar. Sie werfen sich zu Boden und durchmessen die Strecke immer wieder mit der eigenen Körperlänge. Mächtige hölzerne Gebetsmühlen an der Wand eines weiteren Pavillons werden unaufhörlich von Gläubigen gedreht. Sie sind tiefrot lackiert und tragen große tibetanische Schriftzeichen.

Enge Gassen führen zwischen den Einzelgebäuden mit ihren weißgeschlämmten Wänden und den abgestuften geschwungenen Dächern hindurch. Wir erreichen den Haupthof, in dem sich die Mönche versammelt haben. Die Älteren sitzen unter der Arkade der großen Halle, die Jungmönche hocken auf den Zugangsstufen oder im tiefergelegenen Hof. Ein Lama predigt. Dumpfer Gesang. Tee wird aus mächtigen Kannen ausgeschenkt, Kekse und Äpfel werden verteilt, mit denen sich die ausgelassenen Jungmönche sofort gegenseitig bewerfen. Ernst und Spiel, Religiosität und Freude liegen hier dicht beieinander.

Wir besuchen noch weitere Klöster im Tal von Ta Er Si. In einer der Anlagen beeindrucken uns besonders die Wandmalereien mit Darstellungen von Göttern und Dämonen, in einem anderen Tempel rätseln wir über die reich geschmückten Tierfiguren, die den Hof beherrschen. In einem kleinen Kloster am Hang sehen wir eine riesige Skulptur aus Yakbutter, die den dunklen Hauptraum vollständig ausfüllt. Mit dumpfer Süße liegt ranziger Geruch in der Luft.

Wir umwandern das Tempeltal von Ta Er Si auf dem Bakor, dem heiligen Weg der Pilger. Tibetaner begegnen uns, die unablässig kreisende Gebetsmühle in der Hand. Ganze Familien sind von weither gekommen und umschreiten nun den heiligen Ort auf dem Rundweg, der die Hügel um das Tal miteinander verbindet. Junge Mönche kommen uns entgegen. Manche blicken nur scheu nach uns Fremden, andere strahlen uns mit breitem Lächeln an. In den Bäumen und Sträuchern am Weg fallen uns immer wieder bunte Gebetsfahnen auf und auch Tierknochen, die in die Zweige gehängt sind. In tibetanischen Schriftzeichen sind Gebete in sie eingeritzt. Später hören wir, daß die Tibetaner Fleischvorräte als Wegzehrung für ihre langen Pilgerreisen mit sich führen. Die sorgfältig abgetrennten Knochen lassen sie als Gebete an den besuchten heiligen Orten zurück.

Drunten auf dem Vorplatz zur Klosteranlage treffen wir die Pilger nach dem Tempelbesuch. Zahlreiche Marktzelte sind am Wegesrand aufgeschlagen. Junge Frauen scharen sich um die Stände, an denen Türkise für den Familienschmuck, Gebetsmühlen und andere tibetanische Artikel angeboten werden. Nebenan stärken sich die Pilger bei einem Glas heißen Tees und bei deftigen Nudelsuppen. In der Kochecke eines Zeltes werden die Teigwaren frisch aus dem kochenden Wasser gefischt. Wir setzen uns zu den Tibetanern. Hungrig schlürfen sie die warme Speise in sich hinein. Eine junge Frau ist auf der langen Holzbank eingeschlafen. Ihre Schwester schaut uns mit großen Augen erstaunt an. Ich nickte ihr zu, sie lächelt scheu zurück.

Eine der Familien lädt uns sogar in ihr Zimmer im Pilgerhotel ein zu einem heißen Tee aus der Thermoskanne und zu einem Schluck unglaublich starken Schnapses. Mehr als zehn Menschen wohnen in dem engen Raum. Freudig werden wir den Verwandten vorgestellt. Wir sprechen verschiedene Sprachen, aber offene Blicke und freundliches Lachen verbinden uns.

Den letzten Tag in Kunbum nutze ich zu einer Wanderung in die Dörfer der Umgebung. Ich steige auf die südlich gelegene Hügelkette hinauf. Unterwegs sehe ich Tibetaner bei der Feldarbeit. Meist sind es Frauen, die das Getreide schneiden und dann für den Abtransport zu Bündeln zusammenbinden. Vom Hügelkamm blicke ich hinab in das nächste Tal und über das weite, sanftgewellte Land. Weite Teile sehen nackt und öde aus, denn die meisten der Getreidefelder sind nun schon abgeerntet. Doch dazwischen erstrahlt überall die frische Herbstfärbung der Birken.

Im Tal entdecke ich ein kleines Dorf, zu dem ich hinabsteige. Ich wandere über die staubigen Wege, zwischen zerbröckelnden Lehmmauern hindurch, die die kleinen Anwesen umschließen. Aus dem Schulhaus klingt ein Chor

Mächtige Gebetstrommeln zieren die Außenwände vieler Pavillons im Kunbum-Kloster.

heller Kinderstimmen; auf dem Dreschplatz des Dorfes sehe ich einige Bauern, die ihre Pferde im Kreis über das Getreide führen. Sonst wirkt das Dorf sehr still, fast wie ausgestorben – die Menschen sind bei der Feldarbeit.

Da kommt mir ein Bauer mit seinem kleinen Traktor entgegen. Er strahlt mich an, stoppt ein paar Meter von mir vor seinem Haus und bittet mich mit einladender Geste hinein. Durch den kleinen, hochummauerten Hof führt er mich in den Wohnraum mit einfachen Sitzkissen und bunten chinesischen Plakaten an den rohen Lehmwänden. Seine Frau reicht uns starken Schnaps; ich muß unbedingt vom selbstgebackenen Brot kosten. Die kleine Tochter der beiden hat zunächst etwas Angst vor dem langnasigen Fremden mit dem schwarzen Bart, aber auch hier vertreibt ein Lächeln die Scheu. Am Ende meines Besuches mache ich ein Familienfoto, das ich meinen herzlichen Gastgebern später zusenden möchte. Ich steige vom Dorf hinauf auf eine kahle Bergnase, vorbei an Gerstenfeldern mit Erntearbeitern, die mir zuwinken. Hoch droben auf der Kuppe setze ich mich zur Rast. Vor mir öffnet sich ein weites Panorama. Hinter dem gewellten Hügelland erheben sich höhere Berge, dahinter im Dunst der Ferne die ersten Schneeriesen von Tibet. Ich kann es bei diesem Anblick kaum noch erwarten, das »Dach der Welt« zu erreichen.

Die Sonne sinkt, ich kehre zurück in den Ort Kunbum. Auf dem Rückweg erfahre ich noch einmal die Gastfreundschaft und Herzlichkeit der Tibetaner. Kaum komme ich in die Nähe einer Gruppe von Feldarbeitern, werde ich schon eingeladen zum einfachen Mahl oder zum Tee. Müde vom Marsch erreiche ich schließlich Kunbum. Vor dem Schlafengehen setze ich mich noch etwas in den Hof unserer Herberge und genieße die klare Nachtluft. Ich erinnere mich an die Erlebnisse der letzten Tage. Vom Kloster klingt der Gesang der Mönche beim Abendgebet herüber. Der durchdringende Ton ihrer langen Hörner. Tief religiös und geheimnisvoll.

Abschied von einem faszinierenden Ort.

Turfan – Die tiefste Oase der Welt

Nach einigen Wartestunden ergattern wir Stehplätze im übervollen Bus, der vom Bahnhof in die Oase fährt. Männer mit herben Wüstengesichtern und Mohammedanerkappen. Frauen in Kopftüchern und Wolljacken, mit Röcken, die sie über langen Hosen tragen. Hier beginnt der Orient in China.

In eisiger Nachtkälte kamen wir mit dem Fernzug aus Peking an; schon bald nach Sonnenaufgang, bei der Fahrt in die Stadt, herrscht glühende Hitze. Dies ist ein Ort des extremen Klimas, menschenfeindlichen Klimas, mitten in der Zentralasiatischen Wüste. Einer der tiefstgelegenen Punkte der Erdoberfläche. Umgeben von weiten Sandfeldern, geröllbedeckten Ebenen und Felsbergen.

Und doch leben hier seit Jahrhunderten Menschen. Sie siedelten an der Seidenstraße, der alten Handelsverbindung zwischen Europa

Lehmziegel werden in Formen gegossen und in der Sonne zum Trocknen ausgelegt.

In den staubigen Gassen von Turfan entdeckt der Reisende das orientalische Gesicht des äußersten Westens von China.

Die Frauen der mohammedanischen Uiguren unterscheiden sich durch Kopftücher, gelegentlich auch durch gänzliche Verschleierung, von den Han-Chinesinnen.

und China. Sie schufen sich eine Überlebensbasis durch ein über 3000 Kilometer langes Bewässerungssystem, das die Schmelzwasser des Tianshan-Gebirges in die über tausend Brunnen der Oase leitet. Europäer und Chinesen, Turkvölker und Perser, Inder und Sarazenen hinterließen ihre Einflüsse an diesem Handelsort und prägten Turfan.

In dem gemütlichen, kleinen, staatlichen Gästehaus mit seinem blühenden, rebenüberschatteten Garten finden wir Unterkunft. Gleich hinter unserem Quartier beginnen die Gassen der Altstadt: Eselskarren rumpeln über die staubigen Wege, Gänse und Ziegen flüchten aufgeregt an den Straßenrand. Wie im Mittelalter, so werden auch heute noch die Abwasser entlang der Wege in offenen Kanälen geführt. Kleine Stege führen hinüber in die hochummauerten Wohnhöfe der Lehmziegelhäuser, in denen unter dem Schatten von Vordächern oder Weinreben ein Großteil der Hausarbeit im Freien verrichtet wird. Männer mit bestickten Kappen reparieren Gerätschaften, Frauen mit bunten Kopftüchern bereiten das Mahl, Kinder spielen miteinander im Staub. Die nach außen hin so verschlossen und abweisend wirkenden Anwesen öffnen sich zu den gemütlichen Wohnhöfen hin als schmucke Bauernhäuser mit schattigen Plätzchen und Veranden.

An einer Straßenecke beobachte ich einen Bäcker. An den heißen Innenwänden seines Kuppelofens bräunt er Fladenbrote und angelt sie dann sehr geschickt mit einem Haken heraus. Eine köstlich-knusprige Zwischenmahlzeit, mit leckeren Zwiebelstückchen und Sesam bestreut. Nach längerem Bummel durch die Altstadtgassen erreichen wir den Ortsrand der Oase. Zur Linken sehe ich in einem weiten Hof Männer, die Lehmziegel formen und sie zum Trocknen auslegen. Zur Rechten breiten sich weite Baumwollfelder aus. Vor mir erhebt sich die bedeutendste Moschee von Turfan, die Imin-Sugunta mit mächtigen, reliefgeschmückten Mauern und hohem Minarett mit feinem Zierwerk aus Lehmziegeln. Im Inneren erfrischt mich die angenehme Kühle in der weitläufigen Gebetshalle, beeindrucken mich hundertfache Säulen und Mauerbögen einer archaisch anmutenden Architektur.

Am Nachmittag statte ich dem Markt der Stadt einen Besuch ab. Hinter einem modernen Marktgebäude mit arabischen Stilelementen breitet sich ein bunter orientalischer Bazar aus. Die offenen Stände der Metzger mit wenig appetitlich wirkenden Fleischfetzen finden sich neben Verkaufstischen mit Stoffen und handgefertigtem Hausrat. Gleich dahinter werden die köstlich-süßen Weintrauben dieser Gegend verkauft und die berühmten Hami-Melonen, die zu hohen Bergen aufgestapelt sind. Stände mit Nüssen und Rosinen finde ich, Teeverkäufer und wieder das köstlich-frische Fladenbrot, dem ich nicht widerstehen kann. Ein Händler für allerlei Heil- und Zaubermittelchen hat getrocknete Schlangen, Seepferdchen und Affenschädel auf einem Tuch ausgestellt; ein Rattengiftverkäufer wirbt für seine Ware mit einer stattlichen Sammlung der toten Nager.

Auch in der Umgebung von Turfan gibt es allerlei Sehenswertes zu entdecken. Mit dem Eselskarren oder einem der motorisierten dreirädrigen Lastvehikel fahren wir durch das bewässerte Grünland um die Oase mit seinen Baumwollfeldern, Palmenhainen und Weinstöcken hinaus in die unwirtliche Geröllwüste. Wir erreichen fast vergessene buddhistische Höhlen aus der Tang-Dynastie und treffen auf die erst kürzlich entdeckten Hastana-Grabanlagen, die eine über 1500-jährige Geschichte haben sollen. Eindrucksvoll sind auch die sogenannten »Flammenden Berge« im Osten der

Oase Turfan mit ihrem fast roten Gestein, durchzogen von unzähligen Furchen und Spalten.

Die faszinierendsten Orte in der Umgebung von Turfan fand ich jedoch in den alten Ruinenstädten von Jiaohe und Gaochang. Die beiden antiken Orte an der Seidenstraße dienten einst zu Verteidigungszwecken und zur Nachtrast der Karawanen. Seit dem 14. Jahrhundert sind sie verlassen.

Heute haben diese menschenleeren Geisterstädte inmitten der Wüste eine magische Atmosphäre. Die mächtigen Mauern der weitläufigen Anlagen zerfallen langsam unter der Kraft der starken Sonneneinstrahlung und unter den häufigen Sandstürmen. Sie wirken fast wie natürlich gewachsene Felsgruppen, nicht wie von Menschenhand erschaffen. Hier und da finden sich jedoch Reste einfacher Wandreliefs, läßt sich die Struktur der Städte und der Verlauf der Straßen noch deutlich an den Mauerruinen ablesen. In beiden Orten wurden die Moscheen teilweise wiederaufgebaut, so daß man einen guten Eindruck von der einstigen Größe dieser Gebetsstätten bekommt. Immer wieder kommt mir der Gedanke, welche Entbehrung es gekostet haben muß, vor Jahrhunderten diese Städte in der menschenleeren Wüste aufzubauen, welche Anstrengung der gesamte Warentransport entlang der weiten Seidenstraße bedeutete. Extreme Trockenheit, unbarmherzig brennende Sonne, Sand- und Staubwinde.

Turfan ist die erste wirklich orientalische Station für den Reisenden, der heute von Osten kommend Teile der alten Seidenstraße wiederentdecken möchte. Hier beginnt ein völlig neues, anderes China, weitab vom Kernland der Chinesen und von den Zentren des Ostens. Turfan war für mich der Einstieg in das ferne, orientalische China der Uiguren, das mich in seiner Eigenart zumindest ebenso faszinierte wie die vielen anderen Gesichter des Reiches der Mitte.

Chinamüde? – Reisefrust in China

Die meisten Einzelreisenden, denen ich bei meiner Fahrt durch China begegnete, erlebten unterwegs irgendwann einmal ein Stimmungstief, wurden es leid, sich auf eigene Faust durch das Land zu »kämpfen«. Bei vielen setzte die Reisemüdigkeit schon in den ersten Wochen ein, besonders bei denen, die sich zu wenig Zeit genommen hatten für China, die in Eile waren und sich an die Eigenheiten der Menschen gar nicht erst gewöhnen konnten.

Natürlich – es gibt ungeheuer viel zu sehen und zu entdecken in China! Das Land ist auch noch nicht sehr stark touristisch erschlossen und wir sind oft fast stolz, in diesen oder jenen abgelegenen Ort zu gelangen.

Aber welche Anstrengung! Reisepläne werden aufgestellt und mehrfach wieder über den Haufen geworfen, weil es manchmal auf Tage hinaus keine Verkehrsverbindungen gibt. Stundenlang stehen wir an Bahnfahrkartenschaltern, ärgern uns über rücksichtslos drängelnde Chinesen, versuchen, möglichst liebenswürdig mit unseren wenigen chinesischen Sprachbrocken einem mißmutig dreinschauenden Fahrkartenverkäufer unser Anliegen zu erklären.

Meiyou! Ausverkauft! Nein – jetzt nur nicht weggehen, wenn wir auch müde und enttäuscht sind, sondern stehenbleiben, den Wunsch etwas energischer wiederholen, immer wieder! Das ist der einzige Weg, um überhaupt noch in den Zug zu kommen und eine der immer noch verfügbaren Fahrkarten zu ergattern.

Ganz schön anstrengend! Anstrengend und frustrierend! Und sitzt man dann endlich im Zug, so bedeutet dies oft eine Fahrt von 20, 30 oder gar 40 Stunden Dauer. Auf einer Schlafpritsche, wenn man das Glück hatte, eine Liegewagenkarte zu bekommen. Ansonsten auf einem nur dünn gepolsterten Sitz, eingezwängt zwischen Mitreisenden in einem total überfüllten Wagen. Die weiten Entfernungen in China sind so zeitraubend und ermüdend!

Nicht nur im Zug, einfach überall ist man auf Schritt und Tritt mit Massen neugieriger Chinesen konfrontiert! Man kann sich kaum einmal zurückziehen – Ruhe und Ungestörtheit gibt es hier nicht! Überall neugierige Blicke, unverhohlenes Anstarren, Menschentrauben um den Touristen! Verständigung mit den Menschen ist dabei kaum möglich: Sie sprechen meist keine Fremdsprachen und wir werden mit unseren paar Wörtern mühsam auswendiggelernten Mandarin auch nur verständnislos angeschaut. Irgendetwas stimmt wohl mit unserer Aussprache nicht! Die Chinesen verstehen uns einfach nicht, beobachten nur jede unserer Bewegungen neugierig und begleiten sie mit unverständlichen Kommentaren und Gekicher. Dazu schneuzen und spucken sie geräuschvoll, wo sie gehen und stehen. Sogar im Restaurant!

Auch das chinesische Essen ist ein Kapitel für sich! In der Theorie ist es schmackhaft und vielseitig. Aber im Restaurant erwartet uns

Lastwagen bilden die einzige Warenverbindung zu den entlegenen Oasen im Westen Chinas.

Die Distanz von Kashgar zur nächstgelegenen Bahnstation in Urumqi oder Turfan beträgt über 1 500 Kilometer und mehr als 3 Tagesreisen.

dann eine Speisekarte, die wir nicht lesen können, und Personal, das uns nicht versteht. Meist müssen wir uns in die Küche drängen und wie Analphabeten mit dem Finger auf die Speisen zeigen, die uns am schmackhaftesten erscheinen.

Mit etwas Glück bekommen wir das Bestellte dann auch!

Chinamüde. Wir haben viel erwartet von dieser Reise, haben von all den Möglichkeiten und Zielen im Lande gehört. Doch dann: Meiyou! Verkehrsverbindungen, Speisen, geöffnete Museen – gibt es nicht! Hier nicht, gerade heute nicht oder überhaupt nicht mehr!

Aber – liegt das wirkliche Problem nicht vielleicht beim Reisenden selbst? In seiner Ungeduld und falschen Erwartungshaltung? Eine Chinareise kann vielfach Gelegenheit zur Selbstbeobachtung und Selbsterkenntnis geben. Mit etwas Geduld und geschicktem Vorgehen bekommt man in China letztlich fast alles, was man sich erwünscht oder erwartet hat. Einen Tag des Wartens muß man dabei schon einmal ertragen können – eine selbstorganisierte Reise durch China braucht vor allem viel Zeit und Geduld!

Unzulänglichkeiten der Organisation und Versorgungsengpässe gehören nun einmal zum chinesischen Lebensalltag. Genau den wollte ich ja kennenlernen! Und ich habe dabei überall in China erfahren, daß ich als Ausländer keinesfalls schlechter bedient wurde als die Einheimischen, die mit den gleichen Schwierigkeiten zu kämpfen haben.

Es ist auch eher mein Problem, wenn ich die Sprache des Landes, das ich besuche, nicht beherrsche; wenn ich mich mit den Menschen, die mich interessiert mustern, nicht auseinandersetzen kann. Jedesmal, wenn mich ein Chinese doch auf Englisch ansprechen konnte, merkte ich sehr schnell, daß Neugier und fehlende Distanz durchaus freundlichen Hintergrund hatten. Es ist aber mein psychologisches Problem, wenn ich die direkten Blicke und die Anteilnahme der Menschen nicht immer ertragen kann!

Und schließlich: Wo sonst in Asien kann ich so preiswert reisen, finde so leicht angenehme Unterkünfte? Wo sonst habe ich so reiche Erlebnisse und Erfahrungen? Wo kann ich mich – noch – so sicher fühlen als Einzelreisender?

Reisefrust? Nur teilweise gerechtfertigt! Ich jedenfalls reise weiter durch China – das Land, seine Bewohner und die reichen Sehenswürdigkeiten belohnen mich vielfach für alle Unannehmlichkeiten.

Durch die Wüste von Turfan nach Kashgar

Klappernd setzt sich der chinesische Überlandbus in Bewegung, rumpelt in den ersten Strahlen der aufgehenden Sonne durch das Tor des ummauerten Bushofes hinaus. Dicht besetzt ist er mit Fahrgästen – zumeist Uiguren mit typischer Kopfbedeckung als Zeichen ihres Glaubens. Vor uns liegen über 1500 Kilometer Fahrt durch die Wüste. Drei oder vier Tage werden wir für die Fahrt von Turfan nach Kashgar an der pakistanischen Grenze brauchen – sagt der Fahrer.

Schon nach kurzer Fahrt zeigt uns die zentralasiatische Wüste ihre Vielfalt: Ging es zunächst durch eine bis zum Horizont reichende

Je weiter wir nach Westen kommen, desto orientalischer empfinden wir Menschen und Orte. Auf der Fahrt von Turfan nach Kashgar kommen wir durch abgelegene Wüstenoasen. Kleine Moscheen zeigen den wachsenden Anteil der Mohammedaner.

ebene Stein- und Geröllwüste, so türmen sich nun die ersten Gebirgszüge schroff und abweisend vor uns auf. Wir verlassen die Ebene, in der eine der tiefsten Stellen der Erde liegt, und fahren auf staubiger Piste durch enge Taleinschnitte hinauf zur Paßhöhe. Gelegentlich tauchen vor uns Lastwagenkonvois auf, weite Staubfahnen hinter sich herziehend. Sie versorgen die Wüstenoasen bis nach Kashgar mit lebenswichtigen Gütern. Auf dem Rückweg transportieren sie Vieh und Felle.

Die Berghänge um uns herum werden immer steiler. Nichts scheint in dieser Einöde zu wachsen. Und doch sehe ich eine Vielfalt der Farben und Formen um mich: Weißgrauer Sand, gelbliche Hügel, rotbraune Felsberge, schwarzes Geröll. Besonders im weichen Licht des frühen Morgens und in den späten Nachmittagsstunden beeindrucken die Bergzüge durch ihre unzähligen Grate und tiefen Falten. Eine wahre Mondlandschaft – bei aller Schönheit so unwirtlich und scheinbar menschenleer!

Und doch tauchen immer wieder urplötzlich Hirten mit ihren Herden auf der Suche nach

Nahrung vor uns auf; staubige Gesellen mit zerschlissenen Umhängen. Gelegentlich rumpelt auch ein Eselskarren gemächlich über die Piste, beladen mit Dornsträuchern, Lehmziegeln oder wertvollem Brennholz. Die Kutscher mit langen weißen Bärten hocken hoch droben auf der Ladung und schauen dem vorbeifahrenden Bus lange nach.

Unvermittelt sehen wir ein paar kärgliche Lehmhütten am Wegesrand, abweisend und verschlossen. Alle paar Stunden durchqueren wir kleinere Oasen. Einfache Stände sind aufgebaut, um uns Reisende zu bewirten. Es gibt Nudelsuppe, Fladenbrot und Fleischspieße, dazu köstlichen Tee. Die Einheimischen beobachten uns neugierig – die Ankunft des Busses aus Turfan bringt etwas Abwechslung in ihr einförmiges Leben. Ein alter Mann mit gebücktem Gang und weißem Haar treibt seine Schafe über die Dorfstraße. Mit zahnlosem Mund lacht er mich an.

Zur Nacht kehren wir in einem Wüstengasthaus ein, das mich an eine mittelalterliche Karawanserei erinnert: Spartanische Zimmer liegen im geschlossenen Karree um den Innenhof, der als Busparkplatz dient. Nach einigem Warten und einigen Mißverständnissen bekommen auch wir ein Zimmer zugewiesen. Wir kramen nach einer Kerze im Gepäck, untersuchen die Holzpritschen nach Ungeziefer. Wasser gibt's im Ziehbrunnen vor dem Tor!

Am zweiten und dritten Tag unserer Reise durchqueren wir weitläufige Oasen. Die Einöde der Steinwüste weicht fruchtbarem Grasland, Baumwollfeldern und Palmenhainen. Menschen arbeiten in großen Gruppen auf den Äkkern oder legen neue Felder für das Kollektiv an. Große Viehherden grasen hier, Melonen und selbst Trauben gedeihen. Mitten in der Wüste finden wir hier große Ansiedlungen mit belebten Märkten, wo wir den Uiguren begegnen: Frauen mit Kopftuch und Schleier, Männer mit Turban oder Mohammedanerkappen und schweren Lederstiefeln.

Die Flußläufe aus den nördlich gelegenen Schneebergen ermöglichen hier das Leben in der Wüste. Wasser verwandelt die tote Ebene in fruchtbares Siedlungsland.

Begleitet von Kamelkarawanen setzen wir unseren Weg fort. Erneute Steinwüste. Es ist schon Herbst, aber die Nachmittagssonne brennt doch unbarmherzig auf unseren Bus. Durch die Ritzen der undichten Fenster kommen ganze Schwaden von Staub und Sand herein. Die Kinder im Bus quengeln müde. Die lange Fahrt strengt an.

Kahle Gebirgszüge, Staub und Einsamkeit. Doch auch hier – Vielfalt der Farben und Formen. Zur Rechten leuchten die Ausläufer eines bizarren Bergrückens im warmen Licht der sich senkenden Sonne. Zur Linken verläuft das Band der Staubpiste geradewegs durch die kahle Geröllwüste bis zum Dunst des Horizontes. Noch liegt ein weiter Weg vor uns. Erschöpfende Anstrengung und ursprüngliches Erlebnis.

Nach vier Tagen ist schließlich Kashgar erreicht. Vier Tage der Vielfalt in einem zeitlosen Land. Erste Lehmhäuser tauchen auf, Palmen über bewässertem Land, die Minarette der Moschee. Dieser Ort fasziniert mich schon, bevor ich ihn eigentlich erreicht habe. Fasziniert mich durch seine Weltabgeschiedenheit, durch die Erfahrungen und Erlebnisse der weiten Anreise.

Die Lotosblume hat für die Chinesen einen hohen Symbolgehalt. Ihre großen Blätter erstrahlen im Sonnenlicht in frischem Grün.

Die Wüste Taklamakan beeindruckt uns durch ihre Vielgestalt. Zerfurchte Bergzüge wechseln mit Geröllfeldern und Sanddünen. Die Erdfarben reichen von Tiefschwarz über Rotbraun bis Gelbweiß.

Oben: Um Dunhuang fanden wir weite Sanddünenfelder inmitten der Geröllwüste.
Unten: Die Ruinenstadt Jiaohe liegt westlich von Turfan auf einer Klippe. Der einstige Stützpunkt an der Seidenstraße zerfällt heute im Wüstenwinde.

Der frühere Sitz des Dalai Lama, der Potala, beeindruckt durch seine Größe und die kostbare Innenausstattung.

Die Sakralräume des Potala sind überzogen von farbenprächtigen Wandmalereien, die Motive der Religionsgeschichte und des Landes darstellen.

Oben: Dieser Tibetaner läßt unaufhörlich seine reichverzierte, übergroße Gebetsmühle kreisen und erhält dafür kleine Spenden von den Pilgern.

An gefährlichen Paßhöhen, an Flußbrücken und in den Tempeln, überall finden wir in Tibet die Gebetsfahnen, bunte Stoffstücke mit aufgedruckten religiösen Texten und geheimnisvollen Symbolen.

Die tibetanischen Mönche leben in kargen ▸ Zellen auf den Dächern der Tempelanlagen. Dem Fremden begegnen sie mit Neugier und Scheu zugleich.

◁ Die fein detaillierten Wandmalereien der Klosteranlage von Sera.

Oben links: Bei einigen der Minderheitenvölker ist es auch für Frauen üblich, die Tabakspfeiffe zu rauchen. Diese alte Frau traf ich auf einem Markt der Bai.
Rechts: Das besondere Merkmal der Tracht der Baifrauen ist der Kopfschmuck – mal aus Batiktuch, mal aus fein besticktem Stoff gebunden.
◀ Dieses junge Mädchen vom Volk der Sani trägt die traditionelle Kopfbedekkung mit feiner Stickarbeit und den charakteristischen abstehenden Tuchecken.

▲ Auf den Wochenmärkten in der Umgebung von Jinhong treffen wir Vertreter von immer neuen Volksgruppen in ihren malerischen Trachten.

Auf dem farbenprächtigen Markt ▶ von Kashgar beobachte ich stundenlang die uigurischen Händler, die hier ihre Waren anpreisen.

◀ *Oben:* Die Straßen der Altstadt von Lhasa sind von traditionellen Häusern gesäumt und von Pilgern und Marktgängern belebt.

Links außen: Diese Tibetanerin ist mit ihrem Kind von weither gekommen, um den heiligen Potala zu besuchen.

Daneben: Eine reiche Tibetanerfamilie mustert Wildkatzenfelle, die auf dem Markt von Lhasa zum Verkauf angeboten werden.

Die Straßenschluchten von Hongkong und Kowloon sind erfüllt von emsiger Geschäftigkeit. Ein Meer von Transparenten wirbt um Kunden für die zahllosen Geschäfte.

Im Hafen von Shanghai liegen alte chinesische Dschunken mit malerischen Segeln neben modernen Frachtschiffen.

Kashgar – Tausendundeine Nacht in China

Eine mehrtägige Busreise durch die Wüste liegt hinter uns. Gerade noch fuhren wir an einem einsamen Felsgebirge entlang, durchquerten eine ausgedörrte Hochebene. Nun liegt sie plötzlich vor uns – die Oasenstadt Kashgar am Rande der Wüste Taklamakan, nicht weit entfernt vom gewaltigen schneebedeckten Pamirgebirge, das diesen Teil Chinas von Pakistan trennt.

Kashgar – geheimnisvoller Klang des Namens! Schon Marco Polo berichtete von diesem Ort.

Auf den ersten Blick verbirgt die Stadt ihren orientalischen Charakter: Moderne Zweckbauten und eine riesige Maostatue – eine der wenigen, die in China heute noch existieren – erinnern eher an die neuen Stadtviertel rein chinesischer Städte des Ostens. Doch die Menschen sind anders hier: Die Männer tragen die Kopfbedeckung der Mohammedaner, viele haben lange Bärte. Tiefverschleierte Frauen eilen an mir vorbei. Pferdekarren rumpeln durch

Das Mausoleum des Apag Hohja bei Kashgar ist einem religiösen und politischen Führer der Uiguren gewidmet, der die lokalen und kulturellen Interessen dieses Volkes gegen die Han-Chinesen verteidigte. Auch das legendäre Uigurenmädchen Mamrisim soll hier bestattet sein, das sich dem Werben des Mandschukaisers Lung verweigert hatte und deshalb sterben mußte.

Viele Gassen in Kashgar erscheinen wie aus Tausendundeiner Nacht. Die Lehmziegelhäuser sind meist weiß gekalkt und oft auch über die Wege gebaut.

die Stadt, eine Ziegenherde wird über die Straße getrieben.

In einem der ehemaligen Konsulate dieser einst so wichtigen Handelsstadt an der Seidenstraße finden wir angenehme Unterkunft: In einer hübschen Gartenanlage stehen mehrere Pavillonbauten, deren Architektur noch etwas an die einstigen britischen Eigentümer erinnert.

Schon auf meinem ersten Rundgang entdecke ich die wahre Natur dieser zutiefst orientalischen Stadt. Der Weg zum Hauptplatz führt mich durch staubige Gassen mit kubischen Häusern, die fast wie Festungen in sich gekehrt sind. Tordurchgänge führen in dunkle Seitenwege, an den zahlreichen Minaretten erkenne ich die Moscheen der Stadt. Ganz orientalisch ist das Straßenleben: Verschleierte

In der Altstadt von Kashgar sind die groben Lehm-

ziegelbauten in abenteuerlicher Konstruktion übereinandergetürmt.

Frauen und Männer im Kaftan. Arabisch wirkende Gesichter und orientalische Sprachfetzen. Die Rufe der Kutscher. Staub, von Eselshufen aufgewirbelt.

Bald öffnet sich vor mir der Hauptplatz der Stadt, großzügig angelegt mit schmuckem Grün. In seiner Mitte etwas deplaziert ein kleiner Uhrturm, von dem zu jeder vollen Stunde der Klang des »Big Ben« aus dem fernen London herabtönt. Allerlei Fliegende Händler haben sich am Rande des Platzes niedergelassen, preisen Hausrat, Bekleidungsstücke und Brokatstoffe an. Daneben hocken alte Männer am Wegesrand, betrachten das Geschehen, begrüßen Bekannte, sind ins Gespräch vertieft. Ihre Gesichter sind zerfurcht, ihr Äußeres weist sie als orthodoxe Moslems aus. Am Abend treffe ich sie hier wieder beim Taubenmarkt, auf dem ihre gefiederten Lieblinge zu Hunderten gehandelt werden.

Ein beliebter Treffpunkt am Rande des Hauptplatzes sind die zahlreichen Teestände und kleinen Fleischspießbratereien. Typisch orientalisch sitzt man hier auf geflochtenen Matten oder auf harten Bänken beieinander. Der Geruch von scharf gebratenem Fleisch und allerlei Gewürzen liegt in der Luft.

Da ertönt der durchdringende Ruf des Muezzin vom Turm der großen Moschee am Hauptplatz, der Id Kah – größte Moschee in ganz China. Aus allen Richtungen strömen die Gläubigen herbei. Es sind ausschließlich Männer und unter ihnen sind die Alten in der Überzahl. Schwere Stiefel tragen die meisten von ihnen, lange schwarze Gehröcke, auf dem Kopf den Fez oder einen strahlend weißen Turban. Mit schnellem Schritt eilen sie in den weiten Gartenhof der Moschee, reinigen sich, reihen sich zu den anderen Gläubigen in der offenen Gebetshalle ein. Ich bin ihnen gefolgt und beobachte nun aufmerksam ihr gemeinsames Gebet, begleitet von wiederholtem Kniefall. Die Blicke der Männer zeigen mir, daß ich ein Fremder hier bin, geduldet zwar, aber eben ein »Ungläubiger«.

Fast überall im Land begegnen uns Chinesen mit einem Lächeln; oft erleben wir Gesten der Gastfreundschaft. Gespräche scheitern aber leider meist an Verständigungsschwierigkeiten.

Nach nur kurzem Gebet strömen die Gläubigen wieder hinaus aus der Moschee. So mancher macht Halt an einem der umgebenden Buchstände, wo heilige Schriften verkauft werden, oft wertvoll in Leder gebunden und handgeschrieben – weitergereicht über Generationen.

Erst Tage später entdecke ich die Altstadtgassen und den Straßenmarkt jenseits des Hauptplatzes. War ich schon bisher beeindruckt von der orientalischen Atmosphäre im äußersten Westen Chinas, so fühle ich mich nun vollständig in das Reich von Tausendundeine Nacht zurückversetzt. Jahrhunderte scheinen hier stehengeblieben. Gedeckte Marktstände füllen einen kleinen Platz, dazwischen geschäftiges Gedränge der Marktgänger. Teppichhändler, Zuckerverkäufer und Gewürzstände. Trauben und Melonen. Pferdegeschirr und Eisenwaren.

Die anschließenden Gassen sind besonders malerisch. Lehmhäuser mit winzigen Fensteröffnungen sind aufeinandergetürmt, kleinere Seitenwege sind oft vollständig überbaut. In den Erdgeschoßwerkstätten sehe ich Blechner, Töpfer und Drechsler bei der Arbeit mit einfachstem Handwerkzeug. Lange Zeit schaue ich einem Schmied zu, der über dem Holzkohlenfeuer mit schwerem Hammer Hufeisen anfertigt. Ein Pferd wird neu beschlagen. Unbeweglich steht es in einem großen Holzgestell festgezurrt. Eine Schar von Kindern versammelt sich bald um mich – Touristen sind selten hier und werden neugierig bestaunt. Mein Lächeln wird freundlich erwidert.

Nach ein paar Tagen möchte ich die nähere Umgebung Kashgars erkunden, von der andere Reisende geschwärmt hatten: Die Ruinenstadt Hano-I, das Bergdorf Gaizi, den Kalakuli-See mit seinen Kamelherden und dem phantastischen Blick auf die Schneeriesen des Pamir.

Tagelang suche ich nach einer Mitfahrgelegenheit auf einem der chinesischen Lastwagen oder in einem der Busse, mit denen Händler aus Pakistan Waren aus China hinüberschaffen in ihre Heimat. Doch das Grenzgebiet ist eine sensible Zone und niemand möchte den Touristen mitnehmen. Und die einheimischen Fahrer vom Volke der Uiguren können die Sondergenehmigung nicht entziffern, die die chinesische Regionalbehörde mir ausstellte! Etwas enttäuscht gebe ich schließlich auf! Wie gerne hätte ich die eindrucksvolle Umgebung von Kashgar gesehen!

Dennoch war Kashgar eine der unvergeßlichen Stationen meiner Chinareise. Die Stadt ist weit abgelegen und beschwerlich zu erreichen, doch gerade die Erfahrung der mehrtägigen Busfahrt ließ micht den Charakter des Ortes erst so richtig begreifen.

Kashgar – da gibt es einzelne Sehenswürdigkeiten zu nennen wie die Id Kah Moschee oder das großartige Mausoleum des Apag Hohja. Doch die wahre Faszination dieses Ortes geht nicht von einzelnen Bauten aus, sondern von der Gesamtatmosphäre, vom orientalischen Leben in den Gassen und Märkten, von den kleinen Entdeckungen am Straßenrand, von der Begegnung mit dem Alltag von Tausendundeine Nacht in China. Eine archaische und herbe Atmosphäre herrscht hier. Herb wie die umgebende Wüste, archaisch wie das Leben der Menschen, das verwurzelt ist in tiefer Tradition und Religiosität, scheinbar unberührt von schnellebigen Entwicklungen.

Die Höhlen der 1000 Buddhas

Dunhuang. Der Klang des Namens verspricht mehr, als das gesichtslose Städtchen in der Weltabgeschiedenheit der chinesischen Wüste halten kann.

Bei der Anfahrt im altersschwachen Überlandbus haben wir noch große Herden zweihöckriger Kamele gesehen, haben die Weite der Landschaft gespürt. Am Horizont sahen wir riesige tiefgelbe Treibsanddünen mit scharf geschwungenen Kämmen, die uns an die großartige Szenerie der Sahara erinnerten. Doch der Ort Dunhuang selbst ist geprägt von nichtssagenden funktionellen Neubauten, von Öde und Leere. Die alte Kultur, die die Oasenstädte der Seidenstraße einst belebt haben mag, existiert hier nicht mehr. Karawanen neuer Art sind heute unterwegs – Lastwagenkonvois schaffen Waren von der nördlich gelegenen Eisenbahnstation nach Golmud und bis hinauf nach Tibet. Sie nutzen Dunhuang als Tank- und Raststation – ein Umstand, dem der Ort wohl heute seine Existenz verdankt.

Und dennoch wurde Dunhuang eine der wichtigsten Stationen unserer Chinareise. Der Grund sind die Mogao-Grotten, auch 1000-Buddha-Höhlen genannt. 25 Kilometer südöstlich von Dunhuang gelegen, stellen sie das bedeutendste buddhistische Höhlenheiligtum in China dar. Ihre Geschichte reicht zurück bis in das Jahr 366. Hier hatte der Mönch Yue Zun die Vision der tausend Buddhas. Daraufhin wurden die Höhlen in den folgenden Jahrhunderten unter der Herrschaft der Wei, Song, Tang und anderer gegraben. Im 15. Jahrhundert in kriegerischen Zeiten verlassen, wurden die Höhlentempel der tausend Buddhas erst im 19. Jahrhundert durch Zufall wiederentdeckt.

Am frühen Morgen fahren wir mit dem Autobus hinaus. Es geht vorbei am »Flughafen« von Dunhuang, einem kleinen Gebäude mit spärlicher Markierung der Wüstenpiste, von der wöchentlich ein Flugzeug startet. Vorbei an weiten Geröllfeldern, im Hintergrund die Kette der Treibsanddünen. Der Horizont verengt sich – wir fahren hinein in ein Trockental. Zur Rechten erkennen wir unregelmäßige Aushöhlungen im Steilabfall des Felsplateaus. Sie werden zahlreicher, regelmäßiger. Der Bus hält an einigen niedrigen Gebäuden an. Wir haben die Mogao-Grotten erreicht.

Ein Führer geleitet uns zur Sandsteinwand, in die die Höhlen eingegraben sind. Auf mehreren Ebenen liegend, waren sie früher nur über einfache Leitern erreichbar. Heute sind der Felswand Treppen und Galeriewege vorgebaut. Die meisten der fast 500 Höhlen sind durch Holztüren geschützt, nur wenige den Besuchern zugänglich. Wir dürfen einige von ihnen besichtigen.

Aus der Hitze der Wüstensonne treten wir durch schmale Türöffnungen in die Felskammern ein. Die Haupträume der größeren Kapellen erreichen wir durch schmale, querliegende Vorkammern. Nur langsam gewöhnen sich unsere Augen an das Halbdunkel. Was wir hier sehen, versetzt uns sofort in staunende Bewunderung. Unwillkürlich beginnen wir zu flüstern, als wir uns gegenseitig die feinen Fresken zeigen, von denen Wände und Decken über und über bedeckt sind. Unser Führer erklärt uns, daß über 45 000 Quadratmeter antiker Fresken in diesen Höhlen erhalten sind. Er leuchtet die schönsten Wandbilder für uns mit einer Taschenlampe an und erläutert die Darstellungen in gebrochenem Englisch. Legenden des Buddhismus sind in den Malereien festgehalten, unzählige sanft lächelnde Buddhadarstellungen, aber auch Szenen aus dem Alltagsleben früherer Zeiten. Hier sehe ich

In den Mogao-Grotten bei Dunhuang sind wir fasziniert von prächtigen buddhistischen Fresken, von Statuen und Buddhafiguren. Besonders fein und kunstvoll sind die Darstellungen aus der Tang-Zeit.

Diese Statuengruppe in einer der Mogao-Grotten zeigt einen Bodhisattva sowie einen Schüler zu seiner Linken und einen Krieger zu seiner Rechten.

Menschen bei der Feldarbeit, beim Hausbau und bei der Jagd, dort ist eine Hochzeitszeremonie dargestellt. In einer anderen Höhle sind Handwerker bei der Arbeit festgehalten, Musikanten, eine Karawane auf der alten Seidenstraße. Für die Wissenschaft bieten diese Fresken reiches Material zur Erforschung des Lebens im alten China.

Deutlich können wir am Stil der Gemälde in den verschiedenen Höhlen unterschiedliche Epochen unterscheiden. Die feinen Fresken aus der Tang-Zeit gefallen uns am besten. Sie zeigen wohlproportionierte Menschendarstellungen mit feinen Gesichtszügen und erstaunlich detaillierter Wiedergabe der Bekleidung. Unser Führer erklärt uns auch Einflüsse persischer und indischer Kunst, die sich in diesem Heiligtum an der alten Seidenstraße finden.

In vielen Höhlentempeln sind die Decken mit rein geometrischen Mustern bemalt. Gelegentlich sehen wir auch Göttinnen mit langen Seidenschals, die die Kuppel eines Felsentempels zu umschweben scheinen. Welch eine Leistung der namenlosen Künstler, die hier im Halbdunkel der Felsenkammern derartig feine und elegante Darstellungen schufen!

Etwas belustigt bemerke ich hunderte von Buddhafresken an einer Wand, deren Hautfarben fast schwarz sind mit grellweiß hervorstechenden Augen: Hier sind die Mineralfaserfarben im Laufe der Jahrhunderte oxydiert, die ursprünglichen Farbtöne haben sich verändert.

In den meisten Höhlen können wir auch zahlreiche Skulpturen bewundern. Wieder sind es die figürlichen Darstellungen der Tang-Dynastie, die uns in ihren eleganten Proportionen und mit den feinen Gesichtszügen am meisten beeindrucken. Auf Sockeln stehen sie in den Raumecken, als Figurengruppen an den Rückwänden der Haupträume oder zentral in Raummitte. Buddhas mit unergründlich zufriedenem Lächeln, Boddhisattvas in demütiger Pose an ihrer Seite.

In Höhle Nr. 17 zeigt uns der Führer eine kleine Seitenkammer, die erst um 1900 wiederentdeckt wurde. In ihr fand der taoistische Mönch Wang Guo über 50 000 Schriftstücke aus dem 4. bis 10. Jahrhundert, unter ihnen auch das älteste gedruckte Buch der Welt. Unser Führer versäumt es nicht zu betonen, daß ein Großteil der alten Schriften von sogenannten Forschern aus europäischen Ländern am Beginn dieses Jahrhunderts gestohlen wurde und bis heute nicht an China zurückgegeben ist.

Wir laufen ein Stück weit entlang an der über eineinhalb Kilometer langen Wand der Höhlen, deren Reichtum uns überwältigt. Zum Abschluß der Besichtigung werden wir durch ein Tor in der untersten Nischenreihe geführt. Drinnen stehen wir unvermittelt vor den Füßen einer riesigen Buddhastatue. Hoch über uns erkennen wir das mächtige Haupt der Figur. Noch zwei Stockwerke müssen wir hinaufsteigen, um der Buddhastatue, einer der größten der Welt, in die gläsernen Augen schauen zu können.

Tage noch sollten wir in Dunhuang, jenem nichtssagenden Nest in der »Mitte von Nirgendwo« zubringen. Tagelang bemühten wir uns vergeblich um Mitfahrgelegenheit auf einem der Lastwagen nach Golmud oder Tibet. Fast eine Woche mußten wir warten, bis wir schließlich mit dem unregelmäßig verkehrenden Überlandbus unsere Reise fortsetzen konnten.

Mehrmals fuhr ich in diesen Tagen des Wartens wieder hinaus zu den Magao-Grotten. Immer wieder gab es Neues zu entdecken in der Vielfalt der Höhlen und ihrer Kunstschätze. Immer wieder war ich tief beeindruckt und wurde hier reich entschädigt für alle Schwierigkeiten und Mühsale der Reise.

Tibet

Durch Eis und Schnee auf das Dach der Welt

Im Dunkel der Nacht werden die Fahrzeuge beladen. Aufgeregt drängen die Reisenden, fast ausschließlich tibetanische Pilger, in die drei bereit stehenden Überlandbusse. Auch wir erhalten noch zwei Sitzplätze neben einem prachtvoll gekleideten Lama, einem Priester mit edlen Gesichtszügen. Er wird von seiner Familie und zahlreichen Anhängern begleitet.

Sie alle sind in dicke Fellmäntel gehüllt und tragen reich verzierte Kopfbedeckungen, die Frauen zudem ihren prachtvollen Türkisschmuck, den Perak.

Unser Fahrtziel ist Lhasa, die heilige Stadt auf dem Dach der Welt. Noch vor Sonnenaufgang verlassen wir den Ort Golmud. Schon jetzt umgibt uns eine fast unwirkliche Atmosphäre: Unsere Mitreisenden lassen ihre Gebetsmühlen kreisen und murmeln beschwörende Verse. Om mani padme hum – möge es eine sichere Reise werden.

Die schmale Bergstraße durchquert eine kahle Hochebene und tiefe Taleinschnitte, schlängelt sich auf Paßhöhen hinauf. Mit aufgehender Sonne erkennen wir, daß die Vegetation schon deutlich spärlicher geworden ist. Schneereste liegen neben der Piste, die vereinzelten Bachläufe sind bald von einer dicken Eisschicht versiegelt. An ihren Ufern wachsen nur noch Moose und Flechten. Immer höher geht es hinauf. Die eindrucksvollen Berggipfel um uns, bedeckt von ewigem Schnee und Eis, scheinen bald zum Greifen nahe.

Spärlich ist der Verkehr auf dieser Piste. Fast ausschließlich Lastwagen sind unterwegs, zumeist im Konvoi. Die altertümlich wirkenden Fahrzeuge werden von Chinesen gesteuert, einige auch von tibetanischen Fahrern mit wettergegerbten Gesichtern.

Inzwischen umgibt uns eine geschlossene Schneedecke; auch die Piste selbst ist mehr und mehr von Eis bedeckt. Die Luft wird immer eisiger, das Atmen fällt mir schwer in dieser Höhe.

Der erste der beiden Hauptpässe auf dieser Fahrt ist erreicht: 5200 Meter über dem Meeresspiegel!

Kurze Rast: Nur mühsam schleppen wir uns Schritt um Schritt in das kleine Steinhaus, wo wir uns am Herdfeuer ein wenig aufwärmen können.

Bald geht die Fahrt weiter. Die Hochebene ist von gleißend weißem Schnee und Eis bedeckt, der Horizont verschwindet in dichten Wolken. Vereinzelt erscheinen Rehe, auch Yakherden tauchen mit ihren Treibern aus dem Nichts auf. Adler ziehen ihre Kreise. Ich nehme von all dem nur noch wenig wahr. Die Scheiben unseres Busses sind zugefroren, die Höhenkrankheit hat mich erfaßt. Atemnot, rasende Kopfschmerzen, beißende Kälte. Mir wird übel.

Nach weiteren 15 Stunden ist in der Nacht der zweite Hochpaß erreicht: 5500 Meter! Das Thermometer zeigt 30 Grad unter Null an. Auch die Tibetaner sind jetzt sichtlich erschöpft von der Fahrt. Der Bus quält sich nur noch mühsam voran – sein Motor ist nicht für diese Höhen gebaut.

Dann endlich – nach langen Stunden: Wir fahren bergab! Im Morgengrauen geht es hinunter in das Hochtal von Lhasa. Schnee und Eis schwinden langsam, die Vegetation nimmt wieder zu. Im ersten Sonnenlicht sehen wir ein Dorf: zusammengekauerte, weißgekalkte Bauernhäuser mit lustigen Gebetsfahnen auf den Ecktürmchen. Hirten kauern am Weg und wachen über ihre Tiere. Auf den Dreschplätzen der Dörfer versammeln sich die Bauern zur gemeinsamen Arbeit. Wie gastlich erscheint mir doch dieses herbe Tal nach der harten Fahrt über das eisige, menschenfeindliche Dach der Welt!

Viele Gipfel um die Hochtäler von Tibet sind vom ewigen Schnee bedeckt.

Lhasa – Erde der Götter

Erschöpft von den Strapazen der Paßfahrt kommen wir vorbei an tibetanischen Dörfern mit dicht zusammengekauerten Bauernhäusern. Gebetsfahnen flattern im Wind, Yakherden und Tibeterhirten schauen dem Überlandbus nach. Schroffe, schneebedeckte Bergriesen fassen das weite grüne Hochland mit seinen klaren Wassern. Die Farben leuchten im intensiven Sonnenlicht der Höhe.

Da geht ein Raunen durch die Reihen der tibetanischen Reisenden. Die Gebete werden lauter. Om mani padme hum. Gespannte Blicke in die Ferne, aufgeregte Rufe: Potala! Potala!

Die heilige Stadt liegt vor uns.

Vorbei an Neubauquartieren und kleinen Industrieansiedlungen erreichen wir die Kernstadt von Lhasa. Das geschlossene Bild der traditionellen tibetanischen Stadt ist hier noch erhalten. Unweit des Hauptplatzes finden wir eine gemütliche Herberge in einem der typischen Stadthäuser. Trutzige, einwärts geneigte Steinmauern bilden die Straßenfassaden, leuchtend weiß gekalkt mit regelmäßigen, dunkel gerahmten Fensteröffnungen. Zum Innenhof hin öffnet sich der Bau in hölzernen Arkadenumgängen mit Schnitzereien und vielfarbiger Bemalung. Von den begehbaren Flachdächern des kubischen Gebäudes haben wir einen schönen Blick über Teile des Stadtkerns und hinüber zum Hauptplatz mit dem Jokhang, dem Haupttempel von Lhasa.

Ein erster Bummel führt uns durch die engwinkligen Gassen der Kernstadt. Gleich neben unserem Hotel beginnt der tibetanische Markt. Händlerinnen bieten Yakbutter an, die sie von großen Klumpen herunterschneiden. Tibetanische Metzger haben unansehnliche Fleischfetzen am Straßenrand ausgebreitet. Nebenan werden Gemüse, Bekleidung und allerlei Hausrat in der offenen Markthalle verkauft. Dicht drängen sich die Tibetaner um die Stände der Händler. Die meisten von ihnen tragen schmuddelige Fellmäntel. Viele der Männer haben fein bestickte Hüte mit den typischen, abstehenden Ecken auf dem Kopf; die Frauen haben das lange schwarze Haar zu

In Tibet fasziniert die Begegnung mit den Einheimischen, ihre scheue Freundlichkeit, ihre wettergegerbten Gesichter, die vom harten Leben auf dem Dach der Welt erzählen.

Der Markt in Lhasa bietet täglich vielfältige Möglichkeit zur Begegnung mit den Tibetanern.

Diese Tibetanerin spinnt Wolle zum Verkauf auf dem Bauernmarkt in Shigaze.

Zöpfen geflochten und tragen schweren Türkisschmuck – das Vermögen ihrer Familie. Die Menschen haben dunkle, feingeschnittene Gesichtszüge. Die Härten des Lebens auf dem Dach der Welt sehe ich ihnen an. Einige wirken unsicher, halten sich gegenseitig an den Zipfeln ihrer Mäntel fest. Es sind Bauern von den einsamen Weiten der Hochebene, die sich hier auf dem Markt noch nicht zurechtfinden. Junge Mädchen drängen sich um den Stand eines Händlers, der buntgefärbtes Zuckerwerk anbietet; eine Tibetanerfamilie begutachtet fachmännisch Leopardenfelle, die an einer Hauswand zum Verkauf ausgestellt sind.

Ich dränge mich durch eine enge Gasse, an deren Ende ich den Jokhang-Tempel vermute. Zwischen den schmucken weißgekalkten Steinhäusern sind Marktstände mit Schmuck und religiösen Gegenständen aufgestellt. Fein gearbeitete Gebetsmühlen sehe ich hier, reichverzierte Silbergefäße und wertvollen Türkisschmuck.

Plötzlich stehe ich auf dem Bakor, dem heiligen Weg, der um den Tempel führt. Pilger werfen sich zu Boden, messen die Strecke mit ihren Körpern. Am Wegesrand sitzen Bettelmönche zwischen den Ständen der Händler und lesen aus heiligen Schriften. Ein Tibetaner läßt eine riesige, fast mannshohe Gebetsmühle kreisen. Die Pilger spenden ihm mit einigen Münzen Dank.

Ich kaufe einige Gebetsfahnen, einfache Drucke auf gefärbtem Stoff mit religiösen Darstellungen und geheimnisvollen Symbolen. Nur langsam komme ich im Gedränge voran. Die Menschen bewegen sich alle in der gleichen Richtung. Alle umkreisen den heiligen Ort im Uhrzeigersinn; niemand wagt, diese Regel zu brechen.

Schließlich erreichen wir den großen Vorplatz des Jokhang. Hier scheint der Treffpunkt der jungen Tibetaner zu sein. Junge Männer sitzen auf niedrigen Mäuerchen, lachen und scherzen, schauen hinüber zu den Mädchen, die sich fein herausgeputzt haben. Einige der Burschen haben dicke Stränge roter Wollfäden in ihr Haar geflochten. Sie gehören einer besonderen Religionsgruppe an.

Vor dem Eingang zum Jokhang-Tempel werden heilige Feuer entfacht. Gläubige werfen sich zu Boden. Der Gang mit ihnen durch die Tempelräume wird mir zum unvergeßlichen Erlebnis. Wie gebannt folge ich ihnen durch die dunklen Kammern mit den Heiligenfiguren, bewege mit ihnen Hunderte von Gebetsmühlen im Tempelhof.

Es ist noch nicht Abend, als wir den Tempel verlassen, doch die Sonne ist schon hinter den Schneebergen versunken, die das Tal umgeben. Der Winter hat früh eingesetzt dieses Jahr und die Temperatur steigt kaum über den Gefrierpunkt. Während uns tagsüber die Strahlung der klaren Sonne etwas erwärmt, wird es an den Abenden und in der Nacht bitterkalt. So wird es auch recht schnell still in der Stadt, die Menschen gehen früh zu Bett und wir müssen uns beeilen, um noch ein warmes Abendessen zu bekommen.

Am nächsten Tag besuchen wir den Potala, die mächtige Glaubensburg der Tibetaner im Herzen von Lhasa. Am Fuße des Marpori, des Roten Berges, angelangt, blicken wir hinauf zu der imposanten Palastanlage. Die vielgeschossigen, weißgekalkten Mauern scheinen aus dem Fels herauszuwachsen. Die obersten, zentralen Gebäude sind tief rotbraun gefärbt und tragen goldene Dächer. Einst Zentrum des Glaubens und Sitz der Gottkönige, dient der Palast heute als Museum. Chinesische Restauratoren sind ständig damit beschäftigt, die riesige Anlage mit ihren über 1000 Zimmern vor dem Verfall zu schützen. Langsam steigen wir über einen langen Treppenweg hinauf zum Haupttor. Im aufgeregten Gedränge der Pilger

Atemberaubend ist der Anblick des Potala hoch über Lhasa. Die mächtige Glaubensburg mit ihren über 1 000 Räumen war einst Sitz des Dalai Lama, des Gottkönigs der Tibetaner. Die wuchtigen Mauern scheinen aus dem Fels emporzuwachsen.

erstehe ich die Eintrittskarten, dann reihen wir uns ein in die lange Schlange der Tibetaner, die vor dem Eingang zu einem vielgeschossigen weißen Bau mit dunkelumrahmten Fenstern und goldglänzenden Dachaufsätzen warten. Über steile Stiegen geht es schließlich hinauf in die Gemächer des Dalai Lama, der früher hier residierte. Reichverziert sind die Wände mit religiösen Malereien; über und über geschmückt ist der Gebetsraum; die Sitzpolster des Empfangsraumes liegen für die Rückkehr des Gottkönigs bereit.

Wir folgen den Pilgern durch die mehrgeschossigen Umgänge des zentralen Innenhofes. Auf jeder Ebene liegen zahlreiche Gebetsräume mit prächtigen Schreinen am Weg. Die Tibetaner nähern sich ehrfürchtig den Standbildern der Heiligen, füllen etwas Yakbutter in die Lampenschälchen oder lassen einige Münzen als Opfergabe zurück.

Jeder der Räume fasziniert mich durch die Pracht der Wandmalereien und Schnitzarbeiten, durch die Vielfalt der religiösen Objekte. In einer Kapelle mit dem Standbild von Staatsgründer Tsrongsan Gampo entdecke ich Schalen, die aus menschlichen Schädeln gefertigt und mit heiligem Wasser gefüllt sind. Auch hier liegt der schwere Duft der ranzigen Yakbutter im Raum.

Tief drunten in der Tempelburg finden wir die Beerdigungschörten der Dalai Lamas. Zwei von ihnen ragen aus der eindrucksvollen Reihe noch heraus: Es sind die Chörten für den 5. und den 13. Dalai Lama, die eine ganz mit Gold, die andere von über 200 000 Perlen bedeckt. Mehrere Stunden verbringen wir im Potala. Am Ausgang treffen wir eine Gruppe von Pilgern wieder, denen wir zuvor einige Fotos des Dalai Lama geschenkt hatten. Dankbar strahlen sie uns an. Wir folgen ihnen durch die ganze Stadt bis hinunter an den Yarlung Zangbo, den tiefblauen Gebirgsfluß, der das Hochtal durchströmt. An einer hölzernen Hängebrücke, die über und über mit Gebetsfahnen verhängt ist, haben die Pilger ihre Zelte aufgeschlagen. Hier nächtigen sie mit ihren Familien für die Dauer ihres Aufenthaltes in Lhasa. Frauen bereiten Buttertee, nackte Kinder spielen im Staub. Nebenan stehen schon die Lastwagen bereit, die die Pilger in einigen Tagen wieder in ihre entlegenen Dörfer zurückbringen werden. Auch wir sind ungeduldig, ihre Heimat kennenzulernen, die weiten Hochebenen, die schneebedeckten Gebirgszüge und die tiefblauen Bergseen des Landes zu entdecken.

Doch zunächst bleiben wir noch einige Tage in Lhasa. Tage, die wie im Fluge vergehen. Immer wieder entdecken wir Neues in den malerischen Gassen der Stadt, in ihren prächtigen Tempeln voller geheimnisvoll-intensiver Atmosphäre. Ich besuche Norbulinka, die Sommerresidenz der Gottkönige mit dem hübschen Palast des 14. Dalai Lama und weiten Parkanlagen. Fahrradtouren führen uns in die großen Klosteranlagen von Drepung und Sera aus dem 15. Jahrhundert. Viele der Tempel sind heute wieder aufgebaut und renoviert, zahlreiche Mönche finden sich zu den Gebetsstunden in den Klosterhallen zusammen. Dennoch erkennt man an den Ruinen hinter den Klosteranlagen noch heute deutlich, was durch die Zerstörungswut der Kulturrevolution vernichtet wurde. Fast alle etwa 4000 Klöster Tibets fielen damals den Roten Garden zum Opfer. Erst langsam werden einige von ihnen wieder aufgebaut.

Die Dächer der heiligsten Räume des Potala leuchten golden in der Sonne auf.

Die Klosteranlage von Sera stammt aus dem 15. Jahrhundert. Einige der prächtigen Einzeltempel sind nach den Zerstörungen der Kulturrevolution wieder restauriert, tibetanische Mönche bilden hier wieder zahlreiche Novizen aus.

An einem unserer letzten Tage in Lhasa möchte ich eine Luftbestattung der Tibetaner beobachten. Fasziniert hatte ich Erzählungen über dieses schaurige Ritual gehört. Wegen des Dauerfrostes bestatten die Tibetaner ihre Toten nicht in der Erde, sondern zerstückeln den Leichnam und werfen ihn den Geiern zum Fraß vor. Für die Tibetaner ein ebenso selbstverständlicher wie religiöser Vorgang.

In aller Frühe breche ich mit dem Fahrrad zu dem Bestattungsfelsen auf, der einige Kilometer außerhalb von Lhasa liegt. Es ist noch finstere Nacht und bitterkalt. Die Straße ist vereist. Schnee weht mir ins Gesicht. Quer durch eine Geröllebene erreiche ich den vereisten kleinen Fluß.

Am anderen Ufer erkenne ich in der Morgendämmerung einen Lastwagen, neben dem einige Tibetaner um ein Feuer hocken. Es müssen die Totengräber sein, Angehörige einer wegen ihrer Tätigkeit ebenso hochbezahlten wie niedrig geschätzten Gruppe.

Ich möchte die Zeremonie nicht stören und setze mich in einiger Entfernung am Fluß nieder. Die Luft ist eiskalt, das Warten erscheint mir endlos. Schließlich holen zwei der Männer ein in Tücher gehülltes Bündel vom Wagen und legen es auf einem großen Felsblock am Ufer ab. Ein Dritter kommt hinzu. Er hat ein Beil bei sich und anderes Gerät. Ich erkenne, wie er die Gliedmaßen des Toten abtrennt. Mit einem großen Stein wird der Schädel zertrümmert. Der ganze Körper wird zerstückelt. Ich bin froh, nicht näher gekommen zu sein. Am Himmel kreisen plötzlich einige Geier. Andere kommen hinzu und hocken sich auf nahe Felsen. Gleichzeitig sehe ich einen Menschenzug, der sich vom Berg herab der Bestattungsstätte nähert. Es sind die Angehörigen des Toten, angeführt von einem Mönch. Sie nehmen gegenüber des Felsblockes Platz, der Mönch steigt auf ihn hinauf und setzt sich neben den zerstückelten Leichnam. Er spricht einige Gebete, versprengt heiliges Wasser.

Gebannte Stille.

Plötzlich läßt der Mönch ein Messingglöckchen erklingen. Er stößt einen tiefen, langgezogenen Ruf aus. Wie auf Kommando schweben die Geier herab. Etwa dreißig der häßlichen schwarzen Vögel bedecken im Nu den Bestattungsfels fast gänzlich und beginnen, das ihnen bereitete Mahl zu verzehren. Der Mönch sitzt regungslos zwischen ihnen. Die Gruppe der Angehörigen beobachtet gespannt das Geschehen. Nach etwa fünf Minuten ist das einzigartige Schauspiel vorüber. Die Geier erheben sich träge in die Lüfte, die Totenbestatter werfen einige zurückgelassene Knochen in den Fluß. Die Tibetaner verlassen den Ort, der Tote hat seine Ruhe gefunden.

Tiefe Erlebnisse und Einblicke gerade in das religiöse Leben der Tibetaner schenkte uns der kurze Aufenthalt in Lhasa. Schon nach acht Tagen verlassen wir die Stadt wieder, um auf einer Fahrt nach Shigaze das tibetanische Hochland zu entdecken. Schon sind wir ungeduldig und gespannt auf unsere Rückkehr nach Lhasa.

Mit Tibetanern im Tempel

Von früh bis spät umschreiten tibetanische Pilger den Jokhang-Tempel, das höchste Heiligtum ihrer Religion im Zentrum von Lhasa. Viele durchmessen den Bakor, den heiligen Weg, mit der eigenen Körperlänge. Immer wieder werfen sie sich in den Staub. Unaufhörlich kreisen die Gebetsmühlen.

Vor dem mächtigen Eingangsportal knien sie nieder zum Gebet, nähern sich langsam dem Heiligtum, bewegen die mächtigen, übermannshohen Gebetsmühlen zu beiden Seiten des Zuganges. Der würzige Geruch heiliger Feuer liegt in der Luft.

Da öffnen sich die Tempeltore. Mit dem Strom der aufgeregten Pilger betrete ich den ersten Tempelhof.

Prächtige Wandmalereien in dunklen Farben bedecken die Umfassungswände, werden von den Tibetanern aufmerksam betrachtet. Sie haben unter den Arkaden, die den Eingangshof umgeben, eine lange Schlange gebildet und warten auf Einlaß in die große Tempelhalle. Streng dreinblickende Mönche in dunkelroten Gewändern achten darauf, daß sich keiner der aufgeregten Pilger vordrängt. Viele von ihnen waren lange unterwegs, haben schon Stunden gewartet. Ungeduldig drücken sie nun, Körper an Körper, auf das Eingangstor

Der Jokhang-Tempel im Zentrum von Lhasa gilt als das höchste Heiligtum der Tibetaner.

zu. Endlich ist es soweit – wir sind an der Reihe, die Tempelhalle zu betreten.

Im Inneren umgibt uns sofort geheimnisvolles Halbdunkel. Der hohe Raum ist spärlich beleuchtet vom warmen Schein unzähliger Yakbutterlampen und von wenigen Sonnenstrahlen, die durch die Öffnungen des Daches eindringen.

Im Zentrum des Tempels stehen drei mächtige Heiligenstandbilder, die über beide Geschosse reichen. Dieser hohe Hauptraum ist umgeben von Umgängen mit einer Vielzahl von Kapellen und kleineren Sakralräumen, die weitere Götterfiguren bergen.

Der Strom der Gläubigen bewegt sich zunächst im Uhrzeigersinn um die zentralen Standbilder. Jedesmal, wenn der Zug einen der Sakralräume in der Außenwand erreicht hat, drängen sich die Pilger tiefgebeugt durch die niedrige Pforte in die dahinterliegende Kammer. Fast finster ist es in diesen kleinen Seitenräumen. Die schwervergoldeten Heiligenfiguren erstrahlen im Schein der Butterlampen. Sorgfältig speisen die Pilger diese heiligen Lichter aus den kleinen Yakbuttervorräten, die sie in Gläsern oder Kelchen mit sich führen. An einigen Standbildern verharren sie kurz, spenden einige Münzen oder lassen eine Gebetsfahne zurück. Dicht an dicht drängen sie durch die Kapelle. Viele suchen die Berührung mit den Götterfiguren, berühren auch Mauern und Türbalken mit den Händen oder der Stirn. Gebete werden gemurmelt. Ein schwerer Duft liegt in der Luft. Der warme Schein der Lichter taucht die Szene in ein fast unwirkliches Licht. Ich bin ergriffen von der Körperlichkeit und Sinnlichkeit dieses Gottesdienstes, ergriffen auch von der demütigen Verehrung und Niederwerfung der Gläubigen vor ihrem Heiligtum.

Nach den Kapellen im Erdgeschoß zieht die Prozession weiter durch die Sakralräume des oberen Umganges. Auch hier finde ich Darstellungen der Gottheiten und schwer vergoldete Buddhastatuen. Gedunkelte Wandmalereien zeigen Szenen aus den religiösen Schriften, furchterregende Tanzmasken mit den Fratzen von Rachegöttern hängen im Halbdunkel.

Zuletzt werfen sich die Gläubigen vor den mächtigen Götterstatuen im Zentrum der Tempelhalle nieder. Erneut speisen sie die Butterlampen und hinterlassen kleine Opfergaben.

Zufrieden und erleichtert treten die Pilger nach diesem Gottesdienst aus dem Dunkel der Halle. Viele vertiefen ihr Gebet noch in dem Umgang, der sich auf der Rückseite um den Haupttempel legt: Hunderte von Gebetsmühlen säumen den Weg und werden vom Pilgerstrom unablässig in Bewegung gehalten.

Ich entdecke eine schmale Treppe hinter einer Seitentür. Durch das Halbdunkel steige ich hinauf und erreiche das Dach des Tempels. Aus nächster Nähe kann ich hier die metallenen Zinnen und Verzierungen der Dachaufbauten betrachten. Ein mächtiges, goldglänzendes Lebensrad, flankiert von zwei Hirschfiguren, ziert den Dachrand. Prächtige Skulpturen schmücken die hochaufragende Außenwand der Haupthalle. Ich treffe Mönche, die mich mit kahlgeschorenem Haupt freundlich anlächeln. Sie verrichten Hausarbeiten, manche sind auch ins Gebet vertieft. Hier auf dem Dach sind in kleinen Aufbauten die einfachen Mönchszellen eingerichtet, in denen sie nächtigen. Hoch droben vom Tempeldach schweift mein Blick hinüber zum mächtigen Bau des Potala, der die Stadt bekrönt, und zu den schneebedeckten Bergriesen, deren Schönheit das Tal umgibt. Unter mir sehe ich den Zugang zum Tempel, wo sich die Gläubigen noch immer zu Boden werfen und wo auch mein Gang durch das Heiligtum begann. Der Kreis schließt sich: ich bin hier nur staunender Beobachter, und doch fühle ich mich aufgenommen in diesen Ort, in diese tiefreligiöse Pilgerfahrt.

Im Innern des Jokhang erstrahlen die mächtigen Heiligenstatuen im Licht unzähliger Butterlampen.

Shigaze – Das Heiligtum der Gelbkappen

Nur wenige staubige Pisten führen in das weltabgeschiedene tibetanische Städtchen Shigaze. Dennoch ist der Ort seit Jahrhunderten ein Zentrum des Glaubens: Das großartige Kloster Tashilumpo gilt als eine der heiligsten Stätten des Landes und zieht Pilger von weither an.

Auch in Shigaze sehen wir schon vereinzelt moderne Zweckbauten und neue Straßenzüge, die vom Fortschritt selbst in diesem entlegenen Gebiet Chinas zeugen. Doch im Zentrum ist die alte tibetanisch-bäuerliche Kernstadt noch gänzlich erhalten und lebendig.

Beim Gang durch die unbefestigten, winkligen Gassen fühlen wir uns sofort um Jahrhunderte zurückversetzt: Schwarze Schweine und allerlei Federvieh suchen im Staub zwischen den offenen Abwasserläufen nach Nahrung; mächtige Yaks werden von der Weide heimgetrieben. Staubige Tibetanerkinder rufen uns freudig nach, mustern die Fremden neugierig, nehmen dann aber meist Reißaus in die schützenden Mauern des heimatlichen Hofes.

Nur durch schmale Tore sind die lehmmauerumwehrten Anwesen zugänglich. Wir werden von den freundlichen Bewohnern hereingebeten. Im Hof ist Raum für die Haustiere der Familie; die Hausarbeit wird hier verrichtet; Stroh lagert neben allerlei Gerät. Das Wohnhaus selbst ist nach tibetanischer Tradition kubisch geschlossen mit leicht einwärts geneigten Wänden. Die Lehmmauern mit ihren kleinen Fensteröffnungen sind weiß gekalkt, über der Eingangstür sind beschwörende Formeln aufgeschrieben. Von den erhöhten Ecktürmchen der Häuser wehen lustig die Gebetsfahnen.

Im Zentrum der Stadt liegt der Bauernmarkt. Die Waren werden am Straßenrand angeboten, aber auch in festen, überdachten Marktständen. Kaum chinesische Händler finde ich hier; es sind Tibetaner, die ihren Landsleuten Töpferwaren und Werkzeug, wärmende Bekleidung und Naturheilmittel anbieten, aber auch Feldfrüchte und Fleisch. An einigen Ständen wird kostbarer Silberschmuck, besetzt mit Türkisen, feilgeboten sowie reich verzierte Geldbörsen, kupferne Krüge und allerlei Kultgerät.

Mindestens ebenso wie das Warenangebot faszinieren mich jedoch die unterschiedlichen Trachten und Kopfbedeckungen der Händler und Marktgänger, die wettergegerbten Gesichter der alten Männer und Frauen.

Nachdem wir uns an dem bunten Markttreiben sattgesehen haben, gehen wir hinauf zum Kloster Tashilumpo aus dem 15. Jahrhundert. Es wurde als Hauptkloster der Gelbkappensekte erbaut und beherbergte in seiner Blütezeit über 3000 Mönche. Hier war der Sitz der Panchen Lamas, der Lehrer der Dalai Lamas.

Am Rande eines Felsmassivs erhebt sich die großartige Tempelstadt über den Ort Shigaze. Die goldenen Dächer und wuchtigen Mauern der weithin sichtbaren Gebäude beeindrucken den Ankommenden. Mit einer Gruppe tibetanischer Pilger trete ich durch das Haupttor ein. Durch eine enge Gasse erreichen wir die erste Tempelanlage. Prachtvolle Wandmalereien zieren die Umfassungsmauern des Hofes und die Außenwände der Tempelhalle. Im Gebetsraum dürfen wir die Mönche bei der Andacht beobachten. Im Anschluß an das Gebet wird ihnen Buttertee ausgeschenkt aus riesigen Kupferkannen, die Glaubensbrüder herübergeschleppt haben aus der benachbarten Klosterküche. Ich darf auch diese kurz besuchen und bin beeindruckt von den mächtigen Kochkesseln auf der Feuerstelle und dem prächtigen Gerät aus Kupfer und Messing, das im Halbdunkel des Raumes lagert.

Ich folge den Pilgern am Gebäude der Bibliothek und an einer mächtigen Tangkamauer vorbei noch zu zwei weiteren Tempelanlagen.

Überall zieht mich die Pracht der Gebäude und der Kunstwerke, die magische Atmosphäre im Inneren der Kulträume in Bann. Im letzten Tempelhof haben sich Hunderte von tibetanischen Pilgern versammelt. Seit Stunden schon warten sie hier, unter ihnen viele Greise und kleine Kinder. Die Menschen scheinen sehr aufgeregt. Strenge Mönche und Tempelwächter sorgen für Ordnung, drängen die Menge, sich niederzuhocken. Ich warte mit ihnen, zunächst im Ungewissen, was der Anlaß dieser Versammlung sein mag. Da erfahre ich es: Der Panchen Lama kommt heute ins Kloster – das höchste Oberhaupt tibetanischer Religion neben dem Dalai Lama!

Schon tragen Mönche große Trinkkrüge und Platten mit Speisen für den hohen Besuch in die Tempelhalle. Nach Stunden des Wartens ist es dann soweit: Eine Prozession von Mönchen erscheint, in der Mitte der Gruppe unter heiligen goldenen Schirmen der Panchen Lama. Die Pilger sind erregt, rufen Gebetsverse, erheben sich zum Gruß. Mönche drängen sie harsch zurück. Der Panchen Lama verschwindet im Tempel, ohne sichtbar von der Menge Notiz genommen zu haben. Eine charakteristische Szene für die autoritäre Grundstruktur dieser Religion – für die Pilger, die von weither in das Kloster kamen, tagelang reisen mußten, ein erhebender Tag!

In vielem sind sie uns fremd, die Tibetaner, und doch spüre ich sofort ihre natürliche Freundlichkeit. Sie lassen auch hier in Shigaze wieder jeden Tag durch seine menschlichen Begegnungen unvergeßlich werden. Eines Morgens gehe ich hinaus auf die Getreidefelder vor der Stadt. Die Bauern sind bei der Arbeit. Gegen Mittag setzen sie sich in größeren Gruppen nieder zur Rast. Auch ich werde sofort herübergewunken. Die Bauersleute bieten mir knackige Äpfel an sowie Tsampa und Tschang – Mehl und Bier aus Gerste. Sie teilen ihr einfaches Mahl mit dem Fremden, drängen mich zu trinken. Ich bin in ihre Runde aufgenommen. Am Ende möchte ich mich für ihre Freundlichkeit mit einigen mitgebrachten Fotografien des Dalai Lama bedanken. Die Bilder werden mir sofort begeistert aus der Hand gerissen. Die Tibetaner pressen sie gegen ihre Stirn, küssen sie, sind glücklich über das kleine Geschenk. Wie wohl tut mir das Lachen dieser Menschen, wie gerne würde ich ihre Sprache sprechen, um Antwort geben zu können auf ihre zahlreichen Fragen. Lachend leeren sie die Tschangbecher, deuten auf die Gerstenähren, die auf ihren Trinkflaschen abgebildet sind und auf die Gerstenfelder um uns, in denen sie heute arbeiten.

Shigaze – das war einmal mehr die enge Begegnung mit den freundlichen Menschen Tibets, das Erleben einer ihrer alten Städte mit all ihrer Fremdheit und die Faszination der großartigen Tempelanlage.

Shigaze – das war ein unvergeßliches Erlebnis für mich als Besucher, der nur versuchen konnte, zu verstehen.

Unwegsames Tibet – Eine abenteuerliche Pistenfahrt

Wir hatten Glück gehabt bei der Hinfahrt von Lhasa nach Shigaze. Ein Überlandbus hatte die Nordroute durch öde Hochtäler und über schneebedeckte Bergketten in 12 Stunden geschafft. Freunde von uns waren zuvor mit Motorschaden in der eisigen Kälte der Paßhöhe für fast zwei Tage liegengeblieben und mußten höhenkrank und mir Erfrierungen in das Krankenhaus von Lhasa eingeliefert werden. Andere hatten ihr Gepäck verloren bei einer Überschwemmung im Flußtal, in der ihr Bus steckengeblieben war.

Die Rückfahrt nach Lhasa möchten wir über die Südroute schaffen, die an dem alten Tibetanerstädtchen Gyangtse und am größten Bergsee von Tibet entlangführt. Wegen des frühen Wintereinbruchs findet sich jedoch kein Busfahrer, der sich auf diese Strecke wagen möchte. Teile der Piste sollen weggeschwemmt oder tief verschneit sein.

Nach Tagen finden wir einen Konvoi von acht Lastwagen, die die Strecke versuchen wollen. Ja – wir dürfen mitfahren. Für 16.– Yuan pro Person bis Lhasa. Morgen früh um vier geht's los.

Frierend stehen wir in der Dunkelheit im Hof des Fernfahrerrasthauses. Die antiquiert wirkenden, chinesischen Lastwagen werden zur Abfahrt fertiggemacht. Sie sind kaum beladen, aber dafür haben einige Tibetaner sich als Fahrgäste auf die Pritschen gehockt. Einer der Fahrer winkt uns herüber – wir dürfen bei ihm im Fahrerhaus platznehmen. Dann öffnet sich der Schlagbaum, die Fahrzeuge rumpeln hinaus auf die grobe Piste, die von den Scheinwerfern nur spärlich beleuchtet wird.

Wir verlassen Shigaze. Das gewellte Hochland ist von Schnee bedeckt, die Piste teilweise tief ausgefahren. Nach einer Weile holen wir die vor uns aufgebrochenen Wagen des Konvois ein. Sie haben an einem Laster angehalten, der offenbar in der Nacht von einem Eisbrett in den Graben gerutscht ist. Der Fahrer saß für Stunden in seiner Kabine und ist halb erfroren. Nach langem Hin und Her rangiert unser LKW in Position und wir versuchen, den Havaristen mit der Seilwinde frei zu bekommen. Das Unternehmen scheitert, bald sitzen wir selber im Eis fest und bekommen unseren Wagen nur mühsam mit vereinten Kräften wieder auf die Piste.

Unser Konvoi setzt seinen Weg fort, den Fahrer des Unglücksfahrzeuges nehmen wir bis in das nächste Dorf mit. Noch immer herrscht stockdunkle Nacht. Von Zeit zu Zeit verlassen unsere Fahrer die gefährliche Piste und suchen sich querfeldein ihren eigenen Weg durch den Schnee. Wie sie ihn finden, bleibt mir ein Rätsel.

Nach etwa drei Stunden passieren wir in der Dunkelheit Gyangtse, ein sehr ursprüngliches Tibetanerstädtchen mit den Resten einer alten Festung und einer eindrucksvollen Pagode. Gerne hätten wir hier Station gemacht, aber der weitere Transport nach Lhasa ist zu ungewiß und so bleiben wir bei unserem Konvoi.

Die Eispiste windet sich scheinbar endlos an einem Berghang entlang auf einen hohen Paß hinauf. Gequält heulen die Motoren unter der Belastung auf, verbissen hockt unser Fahrer hinter dem Steuerrad. Er scheint ein zäher Bursche zu sein, gewohnt, weite Strecken unter diesen schwierigen Bedingungen zu bewältigen. Später erfahren wir, daß die Fahrer unterwegs sind zu einem Transportkollektiv in fast 2000 Kilometer Entfernung. In vier bis fünf Tagen wollen sie dort sein, Ladezeit in Lhasa inbegriffen.

Von der Paßhöhe bietet sich uns ein überwältigender Blick: Ein tiefes Tal liegt vor uns, auf halber Höhe am Berghang ein kleines Tibetanerdorf, aus dem die Rauchschwaden der ersten Herdfeuer aufsteigen. Zur Rechten leuchten gewaltige Schneeberge in den ersten Strahlen der Sonne auf.

Für den Weg, den wir bis zur gegenüberliegenden Bergkette vor uns sehen, werden wir etwa drei Stunden benötigen. In gefährlicher Fahrt geht es auf der schmalen Eispiste tief hinab, vorbei am Dorf, aus dem uns einige Bauern zuwinken. In der Morgendämmerung fahren wir das Tal entlang, langsam steigt der Weg wieder hinauf. Als wir uns der gegenüberliegenden Bergkette nähern, scheint strahlend eine frische, klare Morgensonne, die die eisige Kälte der Nacht endgültig vertreibt.

Unser Fahrer wischt sich die Anspannung aus dem Gesicht. Das schwierigste Stück der Strecke ist überwunden. Wir fahren hinab in ein weites, staubiges Hochtal, das wir nun für Stunden durchqueren werden. Gelegentlich sehen wir kleine Dörfer in der Ferne, Tibetaner treiben Herden von Yaks oder Schafen durch die Einöde. Nur selten tauchen entgegenkommende Fahrzeuge aus einer dichten Staubwolke vor uns auf. Es sind Lastwagen, die dicht mit Einheimischen besetzt sind – Pilger auf dem Weg nach Shigaze.

Des öfteren kommt unser Konvoi zum Stehen. An einem der sieben Wagen gibt es anscheinend immer etwas zu reparieren, einen Reifen zu wechseln oder Kühlwasser nachzufüllen.

Gegen Mittag haben wir das Ende des Hochtales erreicht. Wir überqueren eine kleine Anhöhe und sehen vor uns einen wunderschönen tiefblauen Bergsee, an dessen Nordufer sich das braune Band der Staubpiste von nun an entlangzieht. Von Süden leuchten schroffe Schneeberge herüber und spiegeln sich in der Wasserfläche. Scharen von Wasservögeln bevölkern die Uferzonen.

Nach kurzer Fahrt machen wir am Ufer Rast. Die chinesischen Fahrer holen Gasflaschen hervor und zwei große Kessel mit vorgekochtem Reis und Suppe, die sie nun aufwärmen. Auch die Tibetaner kommen von den Ladepritschen herunter. Sie hocken sich in einiger Entfernung von den Chinesen ans Ufer und bereiten Buttertee zu, den sie mit dem mitgebrachten Tsampa-Gerstenmehl zu einem nahrhaften Brei vermengen. Wir zwei Touristen werden von beiden Gruppen abwechselnd verköstigt und können uns nicht entscheiden, bei wem es uns besser schmeckt!

Nach dieser Stärkung fahren wir noch für etwa zwei Stunden am Seeufer entlang, bevor die Piste noch einmal über einen hohen Paß und schließlich hinüber in das Tal von Lhasa führt. Etwa eine Stunde dauert alleine die Talfahrt von der Paßhöhe herab.

Drunten am Fluß wird eine neue Verkehrsstraße angelegt. Eine Planierraupe schiebt die gröbsten Felsbrocken beiseite, alles Übrige wird in mühsamer Handarbeit erledigt. Hunderte von Frauen zertrümmern mit Hammer und Meißel Gesteinsbrocken zu grobem Schotter, junge Männer verteilen ihn mit Schubkarren auf der Baustelle. Etwas abseits stehen mehrere große Baumaschinen unter einer dicken Staubschicht – wahrscheinlich sind sie defekt oder können von niemandem hier bedient werden.

Plötzlich sehen wir vor uns eine Reihe wartender Fahrzeuge. Die Piste ist von einem tonnenschweren Gesteinsbrocken versperrt, der sich von einem Felsüberhang gelöst hatte. Arbeiter und Milizsoldaten versuchen, ihn zu sprengen. Eine Rauchwolke, dann dringt der scharfe Knall der Explosion zu uns herüber. Der Fels wurde nur etwas verschoben! Beim zweiten Versuch wird er in mehrere kleinere Brocken zersprengt, die aber noch immer zu groß sind, um sie aus dem Weg zu räumen.

Soldaten treten an, den Fels mit Spitzhacken zu bearbeiten. Es folgen noch drei weitere Sprengungen, bis das Gestein endlich zerkleinert ist und beiseite geräumt werden kann.

Unser Fahrer, der sich die ganze Zeit über aus Wut über die Zwangsunterbrechung so kurz vor dem Ziel ans Flußufer verzogen hatte, klettert wieder hinter das Steuerrad und läßt den Motor aufheulen. Wir überqueren eine neuerbaute Flußbrücke und treffen am anderen Ufer auf eine gut ausgebaute Teerstraße, die die letzten 60 Kilometer nach Lhasa führt.

Hier liefern sich nun die Fahrer unseres Konvois ein rücksichtsloses Rennen. Jeder möchte der Erste sein. Der Motor unseres Wagens heult gequält auf, die Bleche des Fahrzeuges klappern und scheppern bedenklich. Die Nadel des Tachometers schlägt dabei gerade bis auf 65 Kilometer aus – bis zum Anschlag! Schließlich gelingt es uns, alle anderen zu überholen. Der Fahrer freut sich wie ein Kind. Sichtlich stolz thront er hinter dem Lenkrad.

Da beginnt der Motor zu stottern. Wir werden langsamer. Die anderen überholen uns feixend. Verwirrt läßt der Fahrer den Wagen ausrollen. Fluchend springt er auf die Straße. Wir fürchten das Schlimmste. Doch er hat nur seine Benzinvorräte überschätzt und nach dem Umfüllen des Reservekanisters können wir weiterrollen.

Spät am Abend erreichen wir Lhasa. Es ist schon dunkel.

14 Stunden Pistenfahrt liegen hinter uns. 14 Stunden voller unvergeßlicher Erlebnisse und voller tiefer Einblicke in die wilde tibetanische Bergwelt.

Bergseen und Flußläufe mit kristallklarem Wasser entdecken wir zwischen den kargen Hochebenen und den schroffen Gebirgszügen von Tibet.

Im Fluge über das Dach der Welt

Weit entfernt von Lhasa liegt der weltabgeschiedene kleine Flughafen von Tibet in der Einöde. Schon einen Tag vor Abflug müssen die Reisenden mit dem Überlandbus hinausfahren, wenn sie die Maschine am nächsten Vormittag nach Chengdu erreichen möchten. Wir verbringen die Nacht in einer einfachen chinesischen Herberge neben dem Flugfeld. Am nächsten Morgen irren wir für kurze Zeit zwischen den niedrigen Gebäuden umher, dann ist das Abfertigungsgebäude gefunden, das eher einem Kleinstadtbahnhof ähnelt. Nach umständlicher Gepäck- und Sicherheitskontrolle geht es im Wartesaal drunter und drüber. Die Maschine hätte längst starten sollen. Ungeduldig warten die Passagiere; das Flugpersonal weiß nicht Bescheid und gibt, wenn überhaupt, widersprüchliche Auskünfte. Auf alle Fälle – mal wieder Verspätung!

Plötzlich müssen wir uns alle zu einer Reihe aufstellen. Letzte Kontrolle, dann geht es, einer nach dem anderen, unter den Augen der Sicherheitsbeamten in den klapperigen Bus, der uns auf das Feld zum Flugzeug hinausfährt. Ein letzter Blick auf kahle Berghänge und tiefblauen Himmel. Letztes Fühlen der intensiven Sonneneinstrahlung und der frischen, klaren Luft.

Wir gehen an Bord, schon schließt sich die Kabinentür hinter uns. Im Flugzeuginneren empfängt uns das übliche unbestimmte Brummen, leise Hintergrundmusik und künstlich aufbereitete Luft. Nach wenigen Minuten rollt die Maschine auf die Startbahn, beschleunigt, hebt ab. In diesem Moment haben wir dieses uns so liebgewordene Land endgültig verlassen – viel zu früh, wie uns scheint.

Rasch steigt die Maschine auf. Der ausgetrocknete Flußlauf, die duftigen Laubbäume, die zusammengekauerten Dörfer der Tibetaner und selbst die uns sonst so mächtig erscheinenden Berge – sie entfernen sich von uns, werden kleiner und kleiner.

Bald überfliegen wir die ersten Schneeberge, die die Hochtäler von Tibet begrenzen. Scheinbar unzugängliche Gipfel mit schroffen Steilwänden und scharfen Graten. Immer mehr werden es, und bald reihen sie sich bis zum Horizont zu Ketten aneinander mit tiefen, trennenden Taleinschnitten. Das ganze wilde Land unter uns ist nun von Eis und Schnee bedeckt. Kaum vorstellbar, daß in dieser unzugänglichen Gegend noch Menschen leben, daß es hier Wege gibt, sogar eine Überlandverbindung bis nach Chengdu. Und doch ist auch dieses gewaltige Gebirgsmassiv besiedelt von Tibetanern, die mit ihren Herden der menschenfeindlichen Umgebung trotzen.

Weit im Süden tauchen am Horizont die gewaltigen Bergmassive und Felsriesen des Himalaya auf. Majestätische Höhepunkte dieser unwirklich schönen Landschaft. Gleißendweiß strahlen Schnee und und Eis, die klare Sonne blendet beim Blick aus dem Kabinenfenster. Drinnen schläfern die trockenwarme Luft und das gleichmäßige Brummen der Motoren und Aggregate jetzt die meisten Passagiere ein. Ich selbst bin hellwach. Mein Blick ist gefesselt von dem Land, das da draußen unter mir liegt.

Urplötzlich bricht die Reihe der Bergketten ab. Die letzten schneebedeckten Höhen stehen wie eine gigantische Wand da, dann fällt das Land steil in die Ebenen von Sechuan ab.

Sofort schiebt sich auch eine düster-dichte Wolkensuppe zwischen uns und den strahlend blauen Himmel von Tibet. Das Dach der Welt liegt hinter uns. Wir sind wehmütig gestimmt, aber schon rückt das nächste Ziel unserer Reise näher. Die Maschine sinkt langsam durch die grauen Wolken herab, wir bereiten uns vor auf die Landung in Chengdu.

Der Süden

Chengdu – In der Stadt des Hibiskus

Von Lhasa kommend sind wir nach Chengdu geflogen, der Hauptstadt von Sechuan, der dichtbesiedeltsten Provinz Chinas. Feuchtwarmes Klima empfängt uns bei der Ankunft, kaum dringt die Sonne durch den Dunst. Dumpfe, schwere Luft.

Die Fahrt in die Stadt macht uns klar, daß wir hier nach Peking und dem Norden, nach den Wüsten des Westens, nach dem Hochland von Tibet, einen neuen Abschnitt unserer Chinareise begonnen haben: Wir fahren durch üppig grüne Reisfelder, vorbei an Palmenhainen, sehen Wasserbüffel und malerische Holzhäuser.

Die Stadt selbst zeigt uns zunächst ein modernes Gesicht mit großzügiger Anlage und breiten Straßen, mit funktionalen Betonbauten und einer beherrschenden Mao-Statue im Zentrum. Starker Autoverkehr, Menschengedränge auf den Straßen und in den Kaufhäusern – nach der Abgeschiedenheit von Tibet empfinden wir das Großstadtleben hier als besonders hektisch.

Doch es gibt in Chengdu auch noch malerische enge Wohnstraßen mit Straßenständen und kleinen Werkstätten. Unweit vom modernen Zentrum finde ich das alte Viertel der ehemals kaiserlichen Bauten, das heute in unzählige kleine Parzellen unterteilt ist. Obstverkäufer und Garküchen, kleine Nudelrestaurants, schrilles Klingeln der Rikschas und Fahrradfahrer. Marode Holzhäuser von verblassender Pracht.

Zum erstenmal in China sehe ich hier einen Schlangenhändler: Mit sicherem Griff spannt er seine »Ware« auf ein Brett, köpft und häutet die Reptilien, wirft die noch zuckenden Körper in die mitgebrachten Gefäße der Kunden.

Gleich nebenan stehen Straßenstände mit verlockenden, tropischen Früchten. In den Garküchen gibt es eine Vielfalt frischer Kost zu probieren: verschiedenste Gemüse, Fisch direkt aus dem Bassin, köstliche Pilze. Die breite Auswahl der Speisen ist ein neues Erlebnis für mich nach der relativ einförmigen Küche Nordchinas. Die Straßenstände und Märkte schließen recht früh am Abend in Chengdu, nach Einbruch der Dunkelheit wird es auch in dieser Stadt schnell ruhig. Nur im Kulturpark treffen sich noch die Nachtschwärmer! In tropischlauer Luft wird hier im Freien bis spät getanzt – inzwischen auch schon zu westlichen Rhythmen. Pärchen bummeln durch den Park. Verstohlene Zärtlichkeiten. Junge Chinesen sprechen mich freundlich an. Sie möchten ihre gerade erst erlernten Englischkenntnisse in der Praxis verbessern.

In weiten Teilen Chinas werden die Felder noch mit dem Büffel bestellt.

Kleine Begegnungen des Alltagslebens sind es, die mir Chengdu interessant machen. Kurze Gespräche beim Essen am Straßenrand, die Begegnung mit einem jungen Studenten beim abendlichen Stadtbummel – ich lerne hier Vieles über den Alltag der Chinesen.

»Touristische« Sehenswürdigkeiten gibt es dagegen in Chengdu nur wenige: Im Wen Shi Kloster kann ich intensive Stimmung beim buddhistischen Nachmittagsgebet miterleben. Im Tempel des klaren Erwachens im nördlichen Vorort Xindu sehe ich über 500 modellierte Lohans, eine imposante Stupa aus der Tang-Dynastie und – die größte Buddhastatue in China südlich von Shanghai!

Großflächige Reisfelder kennzeichnen den subtropischen und tropischen Süden des Landes.

Einen Besuch lohnen auch die zahlreichen Parks in der »Stadt des Hibiskus«, wie Chengdu einst genannt wurde. Der Du fu Yuan ist weitgehend naturbelassen. Im Wangjang Lou Yuan bestaune ich eine fast unüberschaubare Vielfalt von Bambusarten. Und für Tierfreunde ist in ganz China nur der Zoo von Chengdu besuchenswert, dessen weitläufige Anlage sich wohltuend von den engen Käfiggehegen anderer Tierparks im Lande abhebet und der zudem die größte Anzahl von Pandabären beherbergt.

Unvergeßlich bleiben mir Ausflüge in die nähere Umgebung der Stadt. Jeder Quadratmeter des Landes scheint hier genutzt und bewirtschaftet. Reis- und Gemüsefelder, kleine Bauerndörfer, Wasserbüffel bei der Feldarbeit im Gespann. Nur mühsam quält sich der Überlandbus durch den dichten Strom der Fahrradfahrer mit sperrigen Lasten und durch die Massen der Fußgänger auf der Landstraße hindurch. Schließlich erreiche ich in Leshan den größten Buddha der Welt, eine aus dem Fels herausgeschlagene Kolossalstatue und eine der bedeutendsten buddhistischen Kultstätten in China.

Der Ausflug von Chengdu führt mich noch weiter zum Emeishan, dem heiligen Berg von Sechuan. Seine Besteigung sollte für mich zu einem ebenso strapaziösen wie eindrucksvollen Erlebnis werden.

So gibt es auch an Chengdu schöne und unvergeßliche Erinnerungen, wenn auch keine spektakulären Sehenswürdigkeiten dort zu entdecken waren. In Chengdu war es einmal mehr die Begegnung und der Kontakt mit liebenswert-offenen Menschen. Aus dem Norden Chinas kommend war es für mich zudem erste Begegnung mit dem subtropischen Süden des Landes, ein erster Vorgeschmack auf die Vielfalt des bunten Straßenlebens, die ich bald darauf in Yunnan erlebte.

Einkaufen in China

Ebenso eindrucksvoll und interessant wie die Besichtigung der touristischen Sehenswürdigkeiten und der historischen Kulturstätten in China war für mich immer wieder der Bummel durch Geschäfte und Märkte in der Stadt und auf dem Lande. Oft waren kleine Artikel des Reisebedarfes zu besorgen, ein andermal hielt ich Ausschau nach Reisemitbringseln des örtlichen Kunsthandwerks. Jedesmal gab es überraschende Entdeckungen und Beobachtungen am Rande.

Das chinesische Alltagsleben birgt für uns so viel Fremdes und Unbekanntes – schon ein gewöhnlicher Einkaufsbummel kann zum unvergeßlichen Erlebnis werden. Es gibt Waren und handwerkliche Produkte, die ich nie zuvor gesehen hatte. Ich kann die Chinesen im Alltag beobachten, beim Kaufen und Verkaufen, in ihrem Umgang miteinander. Ich bekomme ein Gefühl für das Preisgefüge im Lande, kann ermessen, was sich ein Chinese von seinem Lohn leisten kann und was ihm unerschwinglich bleibt. Ich sehe das Warenangebot, bekomme eine Vorstellung vom Lebensstandard in China.

Ganz nebenbei werden die eigenen Einkäufe erledigt: ein paar neue Eßstäbchen, ein Stück

Seife, eine warme Mütze für die Weiterreise, auch einige Andenken und Reisemitbringsel. Die finde ich nicht nur in den Souvenirläden, sondern überall dort, wo auch die Chinesen ihren Alltagsbedarf decken: Da gibt es hübsche, handgearbeitete Scheren, blecherne Zigarettendosen mit dekorativen chinesischen Schriftzeichen, formschöne Pinsel für die Hobbymalerei und so Vieles mehr. Alles für lächerlich geringe Beträge.

In den großen Städten waren es die Kaufhäuser, die mich besonders anzogen – große, mehrgeschossige Einkaufsstätten mit altmodischer Inneneinrichtung und hohen Verkaufsräumen, unter deren Decke oft moralisierende Plakate und Transparente aufgehängt sind. Rolltreppen – sofern vorhanden – sind in der Regel außer Betrieb. In einem dichten Strom schwitzender, bepackter Menschen schiebe ich mich über die ausgetretenen Stufen von Geschoß zu Geschoß. Gedrängt voller Kunden ist das Kaufhaus zumeist – die Kaufkraft der Menschen, ihre Kaufwünsche und -möglichkeiten scheinen das Warenangebot noch zu übertreffen.

In diesem Kaufhaus ist vom Schnürsenkel bis zum Wohnzimmerschrank, vom Hustenbonbon bis zum Fahrrad alles nur Erdenkliche zu finden, wennauch in bescheidener Auswahl. Man kauft, was gerade angeboten wird, in der Hoffnung, daß die richtige Größe, das passende Modell nicht gerade vergriffen ist.

Grelle Farbigkeit, blumige Werbesprüche und animierende Musikuntermalung fehlen im chinesischen Kaufhaus, alles wirkt etwas grauer und farbloser, als ich es aus westlichen Ländern kenne. Kein Kult um den Einkauf.

Auch das Verkaufspersonal scheint nicht allzu interessiert an Umsatzentwicklung und Verkaufszahlen – man verrichtet seine Tagesarbeit mit wenig Begeisterung und versucht, mit den Massen der ungeduldigen Kundschaft zurecht zu kommen, ohne sich selbst allzu großer Anstrengung auszusetzen angesichts des mageren eigenen Gehaltes.

Überrascht war ich über die Breite des Warenangebotes chinesischer Kaufhäuser. Wer lange genug sucht, findet hier aus einheimischer Produktion alles, was er notwendigerweise benötigt, zu sehr erschwinglichem Preis. Alles etwas angestaubt zwar, nicht die neueste Mode, auch keine große Wahlmöglichkeit zwischen verschiedenen Farben, Formen, Ausführungen – aber ist all dies wirklich notwendig?

Etwas geruhsamer geht es in den kleinen Einzelhandelsläden der Einkaufsstraßen zu, wo sich Bekleidung, Hausratsgegenstände, Fahrräder und Lebensmittel oft verwirrend dicht beieinander finden. Hinter angelaufenen Glasvitrinen entdecke ich chinesische Brettspiele, Stein um Stein in Handarbeit gefertigt. Daneben liegen Heilkräuter in der Auslage – fein verpackter Balsam und Ginsengwurzeln. Cosmeticcremes in winzigen bunten Blechschatullen locken die weiblichen Besucher an. In einem angestaubten Regal lagern fein gearbeitete Malpinsel neben Plastiksandalen und Maomützen.

Die meisten dieser Läden sind staatlich oder von einem Kollektiv geführt. Konkurrenzdenken und Kundenwerbung sind praktisch unbekannt. Das Personal ist lustlos. Dabei empfinde ich es jedoch als angenehm, das Warenangebot in Ruhe betrachten zu können, ohne sofort in eifrige Verkaufsgespräche verwickelt zu werden.

Die chinesischen Kunden um mich herum mustern die Waren mit kritischem Blick. Sie möchten ihre Ersparnisse nur für den besten Gegenwert ausgeben. Die Mentalität einer schnellebigen Wegwerfgesellschaft ist hier noch unbekannt: Gerät aus Holz und Eisen, Spielzeug aus Blech, derbe Textilien herrschen vor und sollen lange Zeit ihren Zweck erfüllen. Viele der Waren sind in schlichte Pappschachteln verpackt, das Eingekaufte wird am Ende wie in alter Zeit in große Papiertüten gefüllt. Kunststoffe und bunte Farben sind selten.

Einen kleinen Unterschied machen nur die vereinzelten Privatgeschäfte, die in letzter Zeit besonders in den Städten im Süden des Landes eröffnet werden und die etwas bunteren Läden für Kunsthandwerk und Souvenirs, die gezielt den Touristen ansprechen. Das hier Angebotene ist noch immer außerordentlich preiswert, wenn auch für den Durchschnittschinesen schon unerschwinglich. Dabei gibt es überall im Lande verschiedene Schwerpunkte des Angebotes: Sind es einmal feinste Holz- und Elfenbeinschnitzereien, so finden sich anderswo Seidenprodukte, Artikel aus Jade oder originell geformte Teekannen. Auch hier gilt, wie für fast alle Einkäufe in China, daß man, was einem einmal gefällt, besser sofort ersteht. In der Nachbarstadt wird man diesen Artikel vielleicht nie wieder entdecken. Der Warentransport in China ist noch sehr unterentwickelt! Außerdem ist in den Läden generell nur das erhältlich, was sichtbar ausgestellt ist – Bestellungen und Lagerhaltung sind unbekannt.

Sehr lohnend ist übrigens auch ein Blick in chinesische Buchhandlungen und Kunstgeschäfte! Fein gestaltete Bücher in traditioneller Form, Kalligraphien, geschmackvolle Grafiken und Drucke sowie ein breites Angebot an Künstlerbedarf zeigen den auch heute noch hohen Stand und die Verankerung künstlerischen Schaffens im Volk.

Nicht zuletzt denke ich an die bunten Märkte des Landes, wenn ich mich an Einkaufsbummel oder an pures Herumstöbern und Beobachten erinnere. Welch tiefen Eindruck bekam ich in das Leben der Bewohner gerade auf den ländlichen Märkten in Tibet und Yunnan; welch wertvolle Reisemitbringsel fand ich hier, wo traditionelles Kunsthandwerk noch Teil des lebendigen Alltags ist. Kunstvoll bestickte Textilien und feiner Silberschmuck – nicht in Serie produziert für einen künstlichen Touristenmarkt, sondern Handelsobjekte der Einheimischen! Oder auch die ganz »profanen« Alltagsartikel: Tabakspfeifen in unverwechselbaren Formen, grobes Haushaltsgerät, Flechtarbeiten zum Hausgebrauch!

Im Gegensatz zu den meisten Geschäften gilt auf den chinesischen Märkten: Wer nicht handelt, hat schon sein Gesicht verloren! Die Marktverkäufer sind zumeist Privathändler, die gerade den Touristen zunächst einen überhöhten Preisvorschlag machen. Beim weiteren Verhandeln, wozu man allerdings zumindestens die wichtigsten chinesischen Zahlwörter gelernt haben sollte, läßt sich der Kaufpreis in der Regel um ein Drittel oder auch mehr reduzieren. Amüsant ist die Preisfeilscherei obendrein, wenn man sich Zeit nimmt, lächelt, dem uigurischen Händler eine Zigarette anbietet oder von der greisen tibetanischen Schmuckverkäuferin einen Becher Tschang eingeschenkt bekommt!

Auch wenn man nicht selber am Kaufgeschehen teilnimmt, sind die chinesischen Märkte immer ein Genuß für das Auge und ein Quell reicher Einblicke in das Alltagsleben der Einheimischen gerade auf dem Lande. Ein Einblick in die Auswahl der lokalen Produkte, der gehandelten Speisen und Gebrauchsartikel. Die Märkte bieten immer auch gute Gelegenheit, an einer der Garküchen und Teestände handfestes ortstypisches Essen zu probieren. Geht das Abenteuer ruhig einmal ein – in den improvisierten Buden kommt die Mahlzeit garantiert frisch und heiß aus der Pfanne auf den Teller! Die eigenen Eßstäbchen dabei zu haben, schadet aus hygienischen Gründen allerdings nicht!

Ob in den großen Kaufhäusern und Geschäften der Städte, ob in den Krämerläden

In diesem Geschäft werden Räucherstäbchen in allen nur möglichen Duftnoten verkauft. Die Chinesen entzünden sie an den Altären ihrer Tempel.

und auf den Märkten des Landes – im Laufe einer Chinareise wird man so manches finden, was man selbst erstehen und mit nachhause bringen möchte. Wenn die Last zu schwer wird – die chinesische Post ist wohl die zuverlässigste in ganz Asien, und ihre Gebühren sind wesentlich geringer als in den umliegenden Staaten! Nur der bürokratische Aufwand ist typisch chinesisch, also umständlich und langwierig! Vor den Augen der Postbeamten muß das Paket gepackt und zuletzt in Tuch eingenäht werden; etliche Formulare sind auszufüllen. So manches wird nicht zugelassen zum Export: Gegenstände aus Edelmetallen, Antiquitäten, die nicht das Siegel offizieller Verkaufsstellen tragen, manchmal sogar chinesische Schriften!

Einkaufen in China – Bummel durch Geschäfte, Märkte, Kaufhäuser, das ist immer ein Erlebnis für den, der beobachten kann. Informativ und erlebnisreich wie der Besuch ganz normaler Straßenlokale, die Reise in ganz normalen öffentlichen Verkehrsmitteln – erlebter Alltag in China.

Der Finger Gottes – Die Besteigung des Emeishan

Als höchster unter den heiligen Bergen Chinas war mir der Emeishan eine Herausforderung, der ich nicht widerstehen konnte: Der oft schneebedeckte Gipfel liegt mit 4200 Meter Höhe weit über der dichten Wolkendecke Sechuans, über 110 Kilometer Bergwanderung sind beim Auf- und Abstieg in drei Tagen zu bewältigen.

Am Fuße des Berges übernachte ich in dem alten Talkloster Baguo Si zusammen mit einheimischen Pilgern, die den Emeishan besteigen möchten. Pavillons und Tempelbauten umstehen die stimmungsvollen Innenhöfe. Üppige Bepflanzung grünt zwischen bemoostem Stein.

Der Weg zu meinem Schlafplatz führt durch klassische runde Tordurchgänge und halbdunkle Tempelhallen mit Reliquienschreinen, über steile Treppen, die die Innenhöfe miteinander verbinden. Der Duft von Räucherstäbchen liegt in der Luft. Inmitten dieser fast magischen Atmosphäre darf ich ein hübsches Zimmer an der langen Holzveranda im Seitenflügel des Haupttempels bewohnen.

Der dichte Nebel und der Regen des nächsten Morgens verstärken die fast märchenhafte Stimmung im Tempel nur noch. Beim kargen Klosterfrühstück treffe ich Ingemar aus Schweden. Wir zweifeln beide, ob wir angesichts des üblen Wetters die Besteigung wagen sollen, ermutigen uns dann aber doch gegenseitig und brechen gemeinsam auf. Ich bin froh, einen Wegkameraden gefunden zu haben. Ein schlammiger Pfad und Steinstufenwege führen uns hinauf in die Vorberge des Emeishan. Der dichte Bergwald ist oft unterbrochen von Reisfeldern und Gemüsepflanzungen, einige kleine Dörfer liegen am Weg. Nach zwei Stunden machen wir eine erste kurze Rast an einem der kleinen Klöster, die überall am Weg zum Gipfel errichtet wurden. An zahlreichem Ständen werden Heilkräuter, Gewürze und Pilze der Bergwälder zum Verkauf angeboten.

Unter uns tost ein kristallklarer Bergbach durch sein steiniges Bett, über uns versperrt eine dichte Wolkendecke den Blick auf die tiefübergrünten Felswände.

Der weitere Weg führt uns über steile Treppenwege mehrere Stunden bergauf. Eine bunte Schar von Pilgern begleitet uns: Chinesen und Tibetaner, die den heiligen Berg der Buddhisten besuchen. Wir machen nochmals Rast an einem der Bergklöster und bewundern die tonnenschwere Statue, die einst in diese unwegsamen Höhen hinaufgeschafft wurde, ebenso wie all das Baumaterial und Gerät für die Klosteranlagen.

Es gibt am Weg zwar immer wieder Gelegenheit zur Rast an einem der Getränkestände oder einer der Garküchen, aber viel Zeit bleibt uns nicht auf dieser ersten Tagesetappe, und wir bemühen uns um Eile. Scheinbar endlos türmen sich die hohen Steinstufen vor uns auf. Mein Gepäck beginnt mich bald schwer zu drücken. Meine Kleider sind schon völlig durchnäßt vom stetigen Regen und auch vom Schweiß der Anstrengung. Ich beginne, Schritte und Stufen zu zählen, wenn ich mich besonders erschöpft fühle. 100 Schritte, 200, 300 . . . . Einen Halt erlaube ich mir erst nach jeweils 500 Stufen.

Gegen Ende der Etappe geht meine Kraft spürbar zur Neige. Es können eigentlich nur noch etwa ein oder zwei Kilometer bis zu unserem Übernachtungsplatz sein, aber sie erscheinen mir endlos. Schritt um Schritt stolpern wir endlich hinauf in den Hof des Bergklosters, wo uns eine freche Affenherde begrüßt.

35 Kilometer liegen hinter uns.

Im Kloster können uns die Mönche nur harte Pritschen in einer kalten Zelle anbieten, aber nachdem wir ein kräftiges Mahl an einem Essensstand eingenommen und unsere Kleider über dem Feuer getrocknet haben, schlafen wir hier einen sehr tiefen Schlaf.

Am nächsten Morgen ärgert uns zunächst die dreiste Affenherde. Der imposante Anführer der Bande stiehlt mir einen Teil meines Marschproviants aus der Tasche, als ich versuche, eine seiner Lieblingsfrauen zu fotografieren. Halb wütend, halb amüsiert beginnen wir den Weg zum Gipfel.

Ein gleich steiler und erschöpfender Steinstufenpfad wie am Vortag liegt vor uns. Die gleichen dichten Wolken. Unaufhörlicher Regen. Nach etwa zwei Stunden erreichen wir eine kleine Lichtung im Nebelwald. Wären wir unvorbereitet gewesen, hätten wir nun fast am Sinn unserer bisherigen Anstrengung gezweifelt: Vor uns stehen mehrere Kleinbusse, mit denen ein Großteil der »Gipfelstürmer« sich auf einer windungsreichen Bergpiste bis hierher fahren läßt! Doch wir wußten schon vorher von dieser Möglichkeit, hatten uns aber für den »harten Weg« entschieden. Wir wollen die wahre Dimension des Berges erfahren – vielleicht auch nur um der Selbstbestätigung willen! Wir stapfen den folgenden Treppenweg hinauf, noch steiler als zuvor, dazu stellenweise vereist. Unsere Erfahrung vom Vortag hilft uns nun weiter: Mit kontrolliertem Atem aufsteigen – Schritte zählen – durchhalten!

Plötzlich wird die Steigung flacher. Helles Licht umgibt uns. Die Wolkendecke reißt auf. Wir sehen blauen Himmel, Sonnenstrahlen treffen uns, um uns duftender Nadelwald. Schneefelder am Boden. Feuchtes Moos. In diesem Moment fühlen wir, wie sehr sich der mühsame Aufstieg über schier endlose Treppen, durch Regen und Wolkenwände gelohnt hat. Wir sind über der Wolkendecke. Nur wenige hundert Meter trennen uns noch vom Gipfel.

Als wir die Bergspitze kurz darauf erreichen, sind wir zunächst wortlos. Überwältigend ist der Blick hinab auf ein dichtes Wolkenmeer, duftig weiß mit sanften Schatten im Sonnenlicht. Fern unter uns liegen die Ebenen von Sechuan, zwischen den Wolkenfetzen nur zu erahnen. Drüben im Westen ragt der Seitengipfel auf mit dem Spiel der aufsteigenden Wolken an seinen senkrechten Felswänden. Dahinter erheben sich die fernen Schneegipfel von Tibet, die ich erst wenige Tage zuvor überflogen hatte. Ich sitze vor diesem Panorama im Gras, bis der Sonnenuntergang die Szenerie in ein warmes, rasch wechselndes Licht taucht. Am Abend ziehen wir in das Gipfelkloster ein. Die brettharten Schlafstellen erscheinen uns wieder fast wie Himmelbetten, wir schlafen tief und fest.

In aller Frühe klingelt der Wecker. Eingehüllt in dicke chinesische Armeemäntel reihen wir uns in die kleine Gruppe der »Gipfelkolonie« ein, die draußen fröstelnd den Sonnenaufgang erwartet. Ein erster Lichtschein am Horizont. Minuten dauert es noch, dann schiebt sich der wärmende Sonnenball langsam über die Wolken herauf. Finsternis noch im Tal, winzige Lichter scheinen aus den Dörfern zu uns hoch. Langsam erwacht der Tag. Warmes Licht fällt auf die dichtbegrünten Gipfel und Steilhänge unter uns.

Doch schon ziehen aus allen Richtungen Wolken im Tal zusammen. Zeit zum Aufbruch!

Am letzten Tag liegen 65 Kilometer Bergwanderung zum Taltempel vor uns. Nie zuvor hatte ich eine solche Entfernung an einem einzigen Tag zu Fuß zurückgelegt. Die ersten drei, vier Stunden eilen wir fast im Laufschritt herab. Wieviel leichter und schneller geht es als beim Aufstieg! Doch schon nach halber Strecke beginnen die Muskeln zu schmerzen, die Knie schwellen an von der ungewohnten Belastung des ständigen Treppenlaufens. Willkommene Rastplätze finden wir wieder an den sehenswerten Bergklöstern und im Affenwald. Doch immer wieder folgen steile Abstiege und sogar einige Bergaufstrecken auf dem Rückweg. Meine Knie geben nach, der Schmerz wird nun auch in den Füßen fast unerträglich. Endlos zieht sich der Weg jetzt durch eine lange Schlucht dahin. Ich habe kaum noch einen Blick für die Schönheit der Natur um mich, kann auch den anderen Pilgern kaum noch in ihrem Marschtempo folgen. Endlich erreiche ich den Tempel am Fuß der Berge, den Ort unserer ersten Rast beim Aufstieg. Von hier aus soll es eine Busverbindung zum Taltempel geben. Ich erkundige mich bei den chinesischen Händlern. Meiyou! Der letzte Bus ist gerade abgefahren!

Es dämmert schon, ich kann nur noch Schritt um Schritt unter großen Schmerzen gehen. 10 Kilometer bis zum Taltempel muß ich noch überwinden, geradewegs hinüber über einen trennenden Bergrücken. Ein alter Chinese schenkt mir einen selbstgeschnitzten Wanderstab und empfiehlt mir, unterwegs zu nächtigen.

Als ich nach langer Zeit endlich den letzten Steilhang mit seinen unregelmäßigen Natursteinstufen erreiche, ist es vollständig dunkel. Ich rutsche mehr auf dem Hosenboden hinab als zu gehen, taste hilflos mit dem Stock nach Untiefen. Endlos erscheint mir die nur wenige hundert Meter lange Strecke.

Endlich ist wieder fester Pfad erreicht, in der Ferne sehe ich die Lichter von Baguo Si. Der ganze Körper schmerzt nun, ich bewege mich nur noch mechanisch voran.

Als ich schließlich das Kloster erreiche, habe ich meine Grenzen erfahren. Es wird Tage brauchen, bis ich mich von dieser Überanstrengung erholt habe. Trotzdem und gerade auch deswegen war die Besteigung des Emeishan für mich eines der großartigsten Erlebnisse in China – wegen der Schönheit der Natur, der Bergtempel, des Gipfelpanoramas; der Begegnung mit Scharen von Pilgern, der Selbsterfahrung auf dieser Strecke.

Kunming – Die Stadt des ewigen Frühlings

Die Hauptstadt der Provinz Yunnan trägt einen vielversprechenden Beinamen. Frühlingsstimmungen bleiben jedoch recht unterkühlt hier, bedingt durch die Höhenlage und die Dunstglocke der in der Stadt angesiedelten Industrie! Dies tut aber der angenehmen Atmosphäre in Kunming kaum Abbruch. Frisch, freundlich und frühlingshaft wirkt die Stadt, besonders, wenn die klare Sonne durch den Dunst bricht.

Ihre natürliche Begrenzung findet die weitläufige Stadt im Süden durch den gleichnamigen See sowie durch die Westberge, deren Hänge schroff zur Wasserfläche hin abstürzen mit wunderschönen Ausblicken von kleinen Felsentempelchen.

Fast 2000 Jahre alt ist die Stadt Kunming, gegründet am Kreuzungspunkt der Handelsstraßen nach Burma und Indochina. Heute ist sie das wirtschaftliche, politische und kultu-

Die Sani in Yunnan sind nur eines von etwa 50 Minderheitenvölkern in China mit eigener Tradition und Kultur. Besonders die jungen Frauen tragen prächtige Tracht auch im Alltag.

relle Zentrum Südwestchinas, Hauptstadt der Provinz mit den zahlreichsten und vielfältigsten Minderheitenvölkern in ganz China.

Auch in Kunming verändern ehrgeizige Neubauprojekte zunehmend das Stadtbild: Baumalleen fallen der Straßenverbreiterung zum Opfer, an die Stelle maßstäblicher Quartiere treten moderne Hochhäuser ohne Bezug zur historischen Stadtstruktur.

Und doch konnte die Stadt in weiten Teilen sich noch ihr altes Gesicht erhalten: Geschlossene Stadthauszeilen mit Wohnungen und Läden fassen die Straßenzüge der Altstadt. Baumalleen beleben die Straßenräume. Malerische Kanäle runden das schöne Stadtbild ab.

Vieles gibt es zu entdecken in den geschäftigen Straßen und Gassen des Zentrums: Die Läden der Stempelmacher, der Bäcker und Lebensmittelhändler mit ihren brechend vollen Wandregalen. Das Kaffeehaus mit den knusprig frischen Brötchen und den ausgefuchsten Geldwechslern, die mir auch interessante Gesprächspartner sind.

Die alte Eilleen aus der Mandschurei erzählt uns hier ihre bewegte Lebensgeschichte.

Einige Gassen weiter entdecke ich ein altes Teehaus. Wackelige Holzstühle und grobe Tische stehen auf dem Gehsteig. Greise plaudern, spielen Mahjong oder rauchen die Wasserpfeife und lauschen dem Geschichtenerzähler.

Am buntesten geht es auf dem Straßenmarkt zu, der sich am Abend in ein petroleumerleuchtetes Paradies für Schlemmer verwandelt. Köstliche Frühlingsrollen gibt es hier, frische Fische, Krabben, Schlangen und Muscheln. Auch Hundefleisch für den, der's mag und das Gewinsel der nächsten Mahlzeit im Sack unter dem Tisch ertragen kann.

Nicht nur Han-Chinesen begegnen uns hier auf dem Markt in ihren farbenfrohen Trachten, sondern auch Angehörige der Minderheiten, die Yunnan bevölkern. Eine Frau vom Volke der Bai mit fein bestickter Weste verkauft frisches Gemüse; zwei Passantinnen mit dem eindrucksvollen Kopfputz der Miao mustern ihre Ware. Vieles über das Leben dieser Volksgruppen lerne ich im nahegelegenen schönen Stadtmuseum, das mich anspornt, sie im Umland aufzusuchen. Doch auch Elemente der Han-chinesischen Kultur finden sich im Stadtbild von Kunming. Im Cuihu-Park beeindruckt mich die Pracht filigraner Holzpavillons zwischen den weiten Wasserflächen und den blühenden Sträuchern und Bäumen der traditionellen Gartenanlage. Der Yuantong-Tempel aus der Tang-Dynastie strahlt Ruhe und Vollkommenheit aus. Den Bambustempel, den Qiongzhu, erreiche ich nach längerer Fahrt im Stadtbus und einer kurzen Wanderung durch die Berge im Nordwesten der Stadt. Mich beeindrucken die skurrilen Darstellungen von über 500 Luohans. Die Holzfiguren der Jünger Buddhas stellen in verzerrter und übersteigerter Form Tugenden und religiöse Gleichnisse dar.

Ein besonders hübscher Ausflug in die Umgebung von Kunming führt mich in die Westberge. Nach der Besichtigung der stimmungsvoll im Wald gelegenen Tempel Hualing Si und Taihua Si steige ich durch den duftenden Nadelwald hinauf zum Drachentor-Felsen. Von der Anhöhe bietet sich mir ein herrlicher Blick auf den Dianchi-See mit seinem tiefblauen Wasser, dem Meer der Fischreusen am Ufer und den winzigen Booten der Fischer. Weit schweift der Blick über die Stadt Kunming am gegenüberliegenden Ufer und über die Höhenzüge im Süden.

Traditionelle chinesische Kultur kann ich in Kunming auch bei der Oper im alten Teehaus erleben, wo sich die Älteren von den Erzählungen und Dramen aus der höfischen Gesellschaft begeistern lassen. Die allabendlichen Aufführungen sind für mich neben Nachtmarkt, Kinobesuch und anderen kulturellen Veranstaltungen in Kunming willkommene Zerstreuung nach erlebnisreichen Tagen.

Kunming, die »Stadt des ewigen Frühlings«, atmet spürbar die Frische und Vielfalt seiner Umgebung, des malerischen Berglandes von Yunnan mit seinen zahlreichen Minderheitengruppen. Vieles gibt es in der näheren und weiteren Umgebung zu entdecken auf Ausflügen, die uns immer wieder nach Kunming zurückführen – in eine Stadt, die sich bei aller Neuerung noch immer den provinziellen Charme von Yunnan bewahrt hat voller Farbe und Vielfalt.

Alltägliche Beobachtungen im Stadtbus

Eine Fahrt mit einem der Linienbusse in einer großen chinesischen Stadt – das ist öffentlicher Personennahverkehr unter verschärften Bedingungen! Viel zu wenige Busse stehen bereit, um dem großen Ansturm der Menschen, besonders zu Hauptverkehrszeiten, gerecht zu werden.

An den Haltestellen sind oftmals Absperrgitter errichtet, zwischen denen die Wartenden lange Schlangen bilden. Dienstmänner – zumeist Rentner mit den roten Armbinden der Hilfsordner – ermahnen die Ungeduldigen zur Disziplin und sorgen dafür, daß sich keiner vordrängt.

Minuten vergehen. Ein leerer Bus fährt vorbei, ohne anzuhalten – außer Dienst! Ein anderer ist schon derart überladen mit Fahrgästen, daß er aus diesem Grunde nicht Halt macht.

Wie die meisten der anderen Busse stammt auch er aus chinesischer Produktion, einfach und robust gebaut, aber gezeichnet von übermäßiger Beanspruchung! Meist sind es überlange Fahrzeuge mit knirschenden und ächzenden Mittelgelenken. Seit kurzem sind jedoch in Peking auch schon einige Doppeldeckerbusse im Testeinsatz! Schließlich hält eines der dröhnenden und krachenden Vehikel vor uns. Wie in Panik drängen die wartenden Menschen nun vorwärts. Auf den wenigen Metern zwischen Absperrung und Bustüren herrscht sofort heilloses Chaos! Die Aussteigenden erreichen nur mit Mühe die Straße, denn schon drücken und schieben die Wartenden wieder in den Bus hinein. Am schwersten haben es dabei die Alten und die Kinder in dem Gedränge und Gezerre.

Selten habe ich Chinesen rücksichtsloser gesehen! Fernöstliche Höflichkeit und Gelassenheit sind hier vergessen, sein Gesicht hat hier offensichtlich niemand zu verlieren!

Doch mit der Zeit gewöhne ich mir auf meiner Reise das Verhalten der Einheimischen selbst an – oftmals ist es wirklich der einzige Weg, nach langem Warten in einen anhaltenden Bus zu gelangen.

Drinnen gibt es dann kaum einen Sitzplatz zu erwarten – die wenigen verfügbaren haben die übelsten Drängler längst besetzt. Dicht an dicht stehen die Menschen im Bus – recht anstrengend bei längerer Fahrt angesichts der ruppigen Fahrweise mit scharfem Bremsen und ruckartigem Anfahren.

Direkt neben den Eingangstüren sitzen die Schaffnerinnen hinter kleinen Pulten. Sie verkaufen den Neuzugestiegenen Fahrkarten und ermahnen zu diszipliniertem Verhalten. Kurz vor jeder Haltestelle schwenken sie kleine rote Fähnchen zum Fenster hinaus, um vorbeieilende Fahrradfahrer zurückzuhalten, und sagen über krächzende Lautsprecher die Station durch. Sie öffnen die Türen, herrschen mit schriller Stimme die wild Hereindrängenden an, schließen die Türen. Öffnen sie oft gleich wieder, weil jemand sein Gepäck, einen Arm oder ein Bein eingeklemmt hat. Auch der Letzte drückt sich nun noch ganz hinein. Türenschließen. Pfiff oder Klingelschrillen. Abfahrt. Fahrkartenverkauf. Die Arbeit der Schaffnerinnen ist recht anstrengend, viele von ihnen sind müde und mürrisch, andere dagegen finden sogar noch Zeit, dem hilflosen Touristen den richtigen Weg, die richtige Haltestelle zu zeigen.

Hat eine Schaffnerin jedoch den Eindruck, daß sich recht viele der Passagiere um das Fahrgeld drücken möchten, dann passiert nach dem Halt erst einmal gar nichts! Kein Pfiff. Kein Anfahrtsruck. Dann bleibt der Bus einfach stehen, bis auch die Letzten unter ständigen Ermahnungen ihren Fahrpreis entrichtet haben. Schwarzfahrererziehung auf Chinesisch! Inzwischen wird drinnen die Luft immer drükkender, die Menschen stehen sich gegenseitig auf den Füßen. Eine junge Frau mit müdem Gesicht klammert sich an die Haltestange – Heimkehr nach langem Arbeitstag. Ein Mann, Schweißperlen auf der Stirn, hält sein Kind auf dem Arm – der Junge starrt mich unverwandt mit offenem Munde an.

Endlich – Abfahrtspfiff, Anlassergeräusch (der Motor wird bei jedem Halt abgeschaltet!), Anfahrtsruck. Erneutes Durchschütteln. Krampfhaft halte ich meine Fototasche fest. Schon wiederholt hatte ich im Gedränge auch einmal fremde Hände in meinen Taschen gespürt. – China ist zwar generell noch ein sehr sicheres Land, Kriminalität fast unbekannt, aber Gelegenheit macht Diebe und in den überfüllten Stadtbussen verbirgt sich schon einmal ein Langfinger!

Anhand meiner Stadtkarte (unentbehrliches Requisit für Busfahrten!) sehe ich endlich das Fahrtziel näherkommen. Jetzt nur rechtzeitig in die Nähe von einer der Türen drängen, denn der Halt ist nur kurz und wer nicht gleich hinauskommt, muß oft unfreiwillig noch eine Station weiterfahren!

Die Türen öffnen sich, wir stolpern die Stahlstufen hinunter. Ich muß mal wieder einen der besonders ungeduldigen Einsteiger nachdrücklich beiseite schieben. Endlich stehen wir draußen auf der Straße, Fahrräder klingeln an uns vorbei. Jetzt erst einmal einen Moment stehenbleiben und tief durchatmen!

Im Wald der Steine

Früh am Morgen besteigen wir den Überlandbus. Durch schöne Berglandschaft führt unsere Fahrt von Kunming in östlicher Richtung. Für eine Weile verläuft die Straße an einem tiefblauen See entlang, kurz darauf eröffnen sich weite Ausblicke auf das tieferliegende Hügelland, in das kleine Ortschaften eingebettet sind. Nach etwa drei Stunden erreichen wir das Dorf Shilin. Die Bewohner dieses malerischen Ortes gehören zur Volksgruppe der Sani, bekannt für ihr hochentwickeltes Kunsthandwerk und die farbenprächtige Tracht der Frauen.

Berühmt wurde Shilin aber erst durch den »Steinwald«. Ihren Namen hat diese bizarre Landschaft von den zahllosen Felsnadeln und Felskegeln, die hier in weitem Umkreis zu finden sind. Vielerorts bilden sie dichte Labyrinthe und stehen wie Bäume in einem Wald beieinander. Unzählige Mythen und Sagen ranken sich um dieses Naturwunder, das vor Jahrmillionen auf dem Grund eines einstigen Meeres entstand.

Schon bei der Ankunft sehen wir an einigen kleinen Hotels und Pensionen, daß dieser Ort zahlreiche Besucher anzieht, vornehmlich Besucher aus dem eigenen Land. Wir finden Unterkunft in einem Chinesenhotel mit herrlichem Blick über das Tal und den kleinen Teich, um den sich das Dorf gruppiert. Wir blicken über den Steinwald, der fast bis an den Horizont reicht.

Unsere erste Wanderung führt uns in einem weiten Kreis um den eigentlichen Steinwald herum. Wir bekommen einen guten Eindruck vom Charakter der umgebenden Landschaft: Hügeliges Land, gelegentlich von einzelnen höheren Bergen betont, ist bewachsen von lockerem Nadelwald, vereinzelt auch kultiviert

Die bizarren Gesteinsformationen des Steinwaldes bei Kunming entstanden vor Jahrmillionen auf dem Grunde eines früheren Meeres.

zu Reisfeldern. Überall türmen sich schroffe Felsnadeln und -klippen auf, teils alleinstehend, teils in imposanten Gruppen. Wir sehen eine Felsgruppe, die halbkreisförmig eine natürliche Arena bildet. Wir gehen durch natürliche Felstore und sehen am Horizont imposante Strukturen von pilzförmigen Felsklötzen. In manchen der Felsen glaube ich, menschliche Gestalten zu erkennen. Vogelgezwitscher liegt in der Luft, Schmetterlinge tanzen, am Boden leuchten Spatkristalle im klaren Sonnenlicht auf. Bunte Blumen blühen am Wegesrand.

Wir begegnen Sanifrauen, die ihre Wasserbüffel zum Weiden treiben. Einige tragen Kinder auf dem Rücken. Andere besticken selbstgewebte Leinenstoffe, während sie ihr Vieh hüten. Alle tragen sie die traditionelle Tracht mit leuchtend blauen Schürzen und reich bestickten Blusen. Auf ihrem Kopf – ein kunstvolles Gebinde aus bunten Tüchern.

Eine junge Frau lacht mich freundlich an. Sie zeigt mir kleine Deckchen, die sie mit geometrischen Motiven in ungeheuer feinem Stich bestickt hat. Mal kräftige Farben auf weißem Grund, mal reines Weiß auf indigofarbenem Tuch. Nach langem Feilschen kaufe ich ihr eines der Stücke ab. Ihrem Lächeln sehe ich an, daß sie sich über den Handel ebenso freut wie ich.

Am Nachmittag kehren wir nach Shilin zurück und bummeln durch das Dorf. Es ist um

Zahlreiche Legenden ranken sich um diese Felsen, viele von ihnen tragen poetische Namen.

einen kleinen Teich errichtet, in dessen Wasser und an dessen Ufer einzelne Felsgruppen wie von Riesenhand verstreut sind. Die traditionellen Bauernhäuser aus roten Lehmziegeln mit ihren sanftgeschwungenen Stroh- und Ziegeldächern stehen harmonisch beieinander. An ihren Wänden sind tiefrote Chillischoten zum Trocknen aufgehängt, in den Bäumen hängen strahlendgelbe Bündel von Maiskolben. In den engwinkligen, grobsteinigen Gassen kommen uns quiekende schwarze Hängebauchschweine entgegen. Halb mutig, halb ängstlich kläffen uns die Hunde des Dorfes an. Eine Kinderschar mustert neugierig die fremden Besucher.

Eine alte Frau lacht uns freundlich an. Sie bittet uns in ihr Anwesen. Der kleine Hof hinter der Lehmmauer ist von zwei niedrigen Gebäuden begrenzt. Wir treten zunächst in das Küchenhaus zur Rechten ein, in dem auch der Wasserbüffel sein Lager hat. Der Herr des Hauses bietet uns die Wasserpfeife an, seine Frau bereitet das Mahl. Nach einer Weile gehen wir hinüber in den zweiten Bau und setzen uns am Tisch des Wohnraumes nieder. Wir sind eingeladen zu Reis, würzigen Gemüsen und einem deftigen Fleischgericht. Eine Flasche vom besten Reisschnaps wird geöffnet. Die beiden Alten freuen sich, daß sie uns zu Gast haben. Wir können nicht miteinander sprechen, aber wir verstehen uns im Lächeln. Ihre Gastfreundschaft rührt uns an, ihre Herzlichkeit überbrückt alle Sprachprobleme. Zum Abschied füllt uns unsere Gastgeberin noch die Taschen mit der Lieblingsleckerei der Sani, mit heißgerösteten Sonnenblumenkernen.

Der Sohne des Hauses führt uns am Abend zu einem Tanz der Dorfbewohner, den er als Musikant begleitet. Etwa zehn junge Frauen und Männer zeigen traditionelle Tänze zum melodischen Klang der Saiteninstrumente. Eine Augenweide sind ihre Trachten mit den feinbestickten Bindegürteln und den prächtigen Kopfbedeckungen. Feingeschnitten sind ihre gebräunten Gesichter, harmonisch ihre Bewegungen im freudigen Tanz. Zumeist sind es Liebesszenen, die dargestellt werden, aber auch der Kampf gegen mythologische Tiere und böse Geister hat dabei seinen festen Platz. Die lebendige Freude und Leidenschaft der Tanzenden beeindruckt uns.

Am nächsten Tag bummeln wir durch den inneren Bezirk des Steinwaldes, der von kleinen Pfaden erschlossen wird. Zusammen mit zahlreichen chinesischen Ausflüglern folgen wir dem schmalen Weg. Er windet sich zwischen den steil aufragenden Karstfelsen hindurch, die hier besonders dicht und imposant beieinander stehen. Inmitten des Felslabyrinthes erreichen wir einen kleinen Tümpel mit tiefgrünem Wasser, in dem sich die Steinriesen malerisch spiegeln.

Steile Stufenwege führen ein Stück hinauf auf manche der Felsen. Wir folgen einer der Treppen und erreichen einen hübschen kleinen Aussichtspavillon mit geschwungenem Ziegeldach. Auf der kleinen Plattform drängen sich die Besucher, die sich mit aufgeregten Rufen gegenseitig die Felsen des Steinwaldes zeigen. Wir entdecken bizarr geformte Felsgestalten, die unsere Phantasie anregen. Der eine sieht aus, als stehe ein kleiner steinerner Elefant auf ihm, der nächste ähnelt einem Nashorn, das gen Himmel blickt. Entsprechend phantasievoll und wohlklingend sind die Namen, die die Chinesen diesen Steinen geben.

Am Tag unserer Abfahrt nehme ich Abschied vom Dorf Shilin und seinen liebenswerten Bewohnern. Auf meinem letzten Bummel durch die Gassen begegne ich noch einmal den beiden Alten, die uns einluden, das Mahl mit ihnen zu teilen. Sie begrüßen mich freudig.

Es war schön bei ihnen. Schön war es im Steinwald.

Wie lange wohl dieser tonnenschwere Steinbrocken noch von den Felsnadeln in seiner luftigen Höhe gehalten wird?

Nachtlager in China

Einen Schlafplatz unterwegs in China zu finden ist heute auch für den Einzelreisenden mit schmaler Brieftasche kein Problem mehr. Zahlreiche kleinere Hotels sind in den für Ausländer geöffneten Gebieten entstanden, und auch in den großen Touristenhotels mit allerlei Annehmlichkeiten gibt es oft Schlafsäle mit geringen Bettenpreisen und oft überraschend gemütlichen Räumen. Recht sauber sind die Unterkünfte für asiatische Verhältnisse allemal mit spezifisch chinesischen Annehmlichkeiten wie etwa heißem Tee aus Thermoskannen.

Auch überraschende, ungewohnte Herbergen haben wir erlebt – etwa in den Wüstengasthöfen auf der Fahrt nach Kashgar oder in Pilgerhotels und Klosterschlafsälen in Tibet und am Emeishan. Und viele Nächte verbringt der Reisende gezwungenermaßen mobil – auf einer Pritsche im Zugschlafwagen, in der Koje eines Flußdampfers oder gar im Sitz eines Überlandbusses.

In Datong machten wir Bekanntschaft mit dem Typ des etwas heruntergekommenen, älteren Renommierhotels. Hohe Empfangsräume mit Stuckverzierungen, ein gealterter roter Teppich, eine ehemalige Bar. Alles wirkt sehr düster, verödet, verlassen. Die geräumigen Zimmer sind nicht weniger angestaubt. Chinesen auf Dienstreise und Kader steigen hier ab, gelegentlich auch mal ein Tourist. Ganz anders unsere Unterkunft ein paar Nächte später im Kloster Kunbum bei Xining! In einem kleinen alten Pilgerhotel am Tibetanerkloster dürfen wir übernachten. Die einfachen Räume liegen an Laubengängen um einen Innenhof. Die alte Holzkonstruktion des Gebäudes ist reichverziert mit Schnitzereien und Bemalung. Bunte Gebetsfahnen überspannen den Hof. In den Zimmerecken hocken dicke alte Spinnen, Wasserleitung und Toilette liegen außerhalb in einem Nebengebäude.

Jeden Abend hören wir den Gesang der Mönche und den Klang der Gongs vom Gebet aus dem Kloster. Eine Unterkunft wie aus vergangenen Zeiten – spartanisch einfach, aber voller intensiver Atmosphäre.

Je weiter wir nach Westen in die zentralasiatische Wüste kommen, desto abenteuerlicher und bemerkenswerter werden auch unsere Unterkünfte. In der Oase Turfan genossen wir das gemütliche staatliche Gästehaus mit seinen kleinen Mehrbettzimmern und dem von Weinreben und Palmen verschatteten Innenhof. Auf der anschließenden mehrtägigen Überlandfahrt nach Westen kehren wir abends in einfachsten Wüstenherbergen ein. Sie erinnern mich an mittelalterliche Karawansereien mit ihrem Innenhof für die Fahrzeuge, den dunklen Zimmern mit den harten Holzbetten und der außerhalb gelegenen Wasserstelle.

Ein Bett kostet hier umgerechnet nur etwa ein bis zwei Mark. Wenn wir besonders erschöpft waren, mieteten wir zu zweit einfach ein ganzes Mehrbettzimmer für die Nacht!

In Kashgar erwartete uns ein Hauch von alter Zeit in den ehemaligen Botschaften von Rußland und England, die heute als Hotels genutzt werden. In kleinen Gärten stehen Pavillongebäude, die noch in vielen Details an die einstige Pracht erinnern. In einem dieser Gästehäuser, dem Qinibah Fandian, hatte ich interessante Begegnungen mit den pakistanischen Händlern im grenzüberschreitenden Verkehr. Tag und Nacht führen sie hier ihre Kaufverhandlungen mit chinesischen Webern, die ihnen Seidenstoffe und Brokat verkaufen. Große Warenballen türmen sich in den Hotelzimmern der Pakistani.

Auch in Lhasa bot uns das Hotel im Kern der Altstadt viel Lokalkolorit und Eigenatmosphäre. Das Snowland, neben dem Banakshol empfehlenswertes Billighotel und Treffpunkt der Rucksackreisenden, ist ein typisch tibetanisches Stadthaus mit weißen, einwärts geneigten Mauern, farbig eingerahmten Fensteröffnungen und begehbaren Flachdächern mit Blick hinüber zum Jokhang, dem religiösen Zentrum der Stadt. Die Zimmer liegen an Laubengängen, auf denen sich die Gäste schon morgens beim Zähneputzen an der Regenrinne treffen.

Wasser gibt es nur am Brunnen im Innenhof, dem Zentrum des Gebäudes. Hier spielen die Hunde des Hauses, lagert das Brennholz und an besonders kalten Abenden wärmen sich hier die Traveller am Lagerfeuer und beim Gespräch auf. Eine Heizung gibt es nicht, wie praktisch überall in Lhasa, und die Winternächte werden bitterkalt.

Da kostet es dann besondere Überwindung, am Morgen unter dem Berg von Schlafsack, Decken und Kleidungsstücken hervor aus dem Bett zu krabbeln und von den Tibetanerinnen, die sich im Innenhof eingefunden haben, lekkeres Joghurt zum Frühstück einzukaufen.

Ganz anders war dagegen unsere Unterkunft in Chengdu, der Hauptstadt des fast südländischen Sechuan. Im Yin Yiang, dem größten Hotel am Platze, werden nicht nur Zimmer an Touristengruppen vermietet, sondern es stehen auch Schlafplätze in sehr gemütlichen Dreibettzimmern für die weniger finanzkräftigen Rucksacktouristen zur Verfügung. Blitzsauber geht es in diesem Hotel zu, Zimmerservice und Versorgung mit heißem Tee sind selbstverständlich. Wir genießen den seltenen Luxus, auch die Geschäfte und Restaurants, die zu diesem Hotel gehören. Nur das staatliche Personal ist auch hier nicht besonders diensteifrig, an der Rezeption hat man wenig Überblick, ob gerade Zimmer frei sind oder nicht. Nach einem mehrtätigen Ausflug zum Emeishan kehre ich ins Yin Yiang zurück, wo mir kategorisch »meiyou« geantwortet wird – kein Schlafplatz frei! Ich streite nicht lange, sondern gehe einfach hinauf in das Zimmer, in dem ich zuvor gewohnt hatte – natürlich finde ich hier noch ein freies Bett! Ich genieße den Komfort nach den stimmungsvollen, aber doch recht harten Übernachtungen auf den Pritschen in den naßkalten Pilgerzellen der Klöster am Emeishan.

Ähnlich komfortabel wie in Chengdu treffen wir es nach einer schlaflosen Nacht in einem Eisenbahnwagen der vierten Klasse auch in Yunnans Hauptstadt Kunming an. Im großzügigen und modernen Kunming Hotel hat man sich auf den wachsenden Ansturm der Rucksackreisenden eingestellt: Im 14. Stock mit Blick über die ganze Stadt und Dachterrasse hat man einen großen Schlafsaal eingerichtet! Dazu wurde die ehemalige Dachbar des Hotels ausgeräumt. Die Rotlichtbeleuchtung ist noch installiert und gehört hier ebenso zur besonderen Atmosphäre wie der abendliche Blick über die Lichter der Stadt.

Gerne erinnere ich mich auch noch an unsere Übernachtungen im tropischen Süden Chinas, in Xishuangbanna. Das staatliche Gästehaus in Jinhong liegt direkt über den braunen Fluten des Mekong. Die Einzelgebäude stehen in einem wunderschönen Hotelgarten mit Palmen, blühenden Büschen und Ananasstauden. Unvergeßlich war es, die lauen Tropennächte unter überwältigendem Sternenhimmel auf der Terrasse zu verbringen. – Einen Kontrast hierzu erlebten wir in dem noch weiter südlich gelegenen Marktflecken Damenlong, wo uns eine ganz einfache chinesische Unterkunft erwartete. Spartanische Mehrbettzimmer – zu denen die Gäste nicht einmal einen Schlüssel bekommen –, eine einfache Wasserstelle im Hof, Toilette nur außerhalb im dorföffentlichen »Gemeinschaftshäuschen«.

Die ganz unterschiedlichen Arten von Hotels

und Herbergen, die wir in China antrafen, spiegelten oft treffend den Charakter des Ortes wieder, an dem wir gerade waren – fortschrittliche Großstadt oder verschlafene Landstädtchen, Wüstenoase oder Pilgerstätte der Berge. Gerade in Shanghai empfand ich dies sehr stark. Das altehrwürdige Pujang-Hotel am Huangpu-Fluß paßt hervorragend in die Atmosphäre dieser Stadt mit ihrem etwas angestaubten Charme und der alten Pracht der Banken und Hotels am Bund. Im Pujang, dessen historisierende Fassade auch einmal bessere Zeiten gesehen hat, erwarten den Gast hohe, holzgetäfelte Hallen, Stuckdecken und Bleiglasfenster. In den Mehrbettzimmern trifft man so manchen Traveller, der hier für längere Zeit Station macht, um Kultur und Tradition in der faszinierenden Stadt zu studieren. Nachts dröhnen die Schiffshörner vom Fluß herüber, und nach einem zünftigen chinesischen Wodka oder Whiskey im traditionsreichen Seemannsclub gegenüber schläft es sich herrlich in den weichen tiefen Betten.

Ein Nachtlager in China zu finden – das war nie ein großes Problem auf dieser Reise. In den Städten bieten viele der größeren Hotels billige und auch gute Übernachtungsmöglichkeit in Mehrbettzimmern. In kleinen Orten und in den Chinesenhotels auf dem Lande muß man zumeist auf jeden Komfort verzichten, dafür bekommt man aber umso tiefere Einblicke in das Leben der Chinesen, denn oft ist man hier der einzige ausländische Gast unter einheimischen Mitbewohnern!

Dali – Die Stadt des Marmors

Elf Stunden sind wir unterwegs im Überlandbus von der Provinzhauptstadt Kunming in das kleine Städtchen Dali im Westen von Yunnan. Die Mühen der Fahrt werden reichlich belohnt durch die Vielfalt und Schönheit des Landes: Bewaldete Höhenzüge trennen tiefe Taleinschnitte und weite Ebenen mit malerischen Reisterrassen und hübschen Bauerndörfern. Dazwischen Wasserläufe und kleine Seen.

Nach Überwindung eines letzten hohen Passes am Spätnachmittag liegt der tiefblaue Erhaisee vor uns, eingerahmt von schroffen, braunroten Bergrücken, die zum See hin in tiefgrüne Reisterrassen auslaufen. Das Licht ist klar, die Luft ist frisch und rein. Wir sind auf fast 2000 Meter Höhe über dem Meeresspiegel. Nach kurzer Fahrt erreichen wir das nahe am See gelegene Städtchen Dali, den Mittelpunkt des Landes der Bai mit über 1000-jähriger Geschichte.

Die alte, streng rechtwinklige Stadtanlage ist von mächtigen Mauern umgeben und noch fast vollständig erhalten. Durch eines der beiden mächtigen Stadttore fahren wir in den Ort. Die meisten Wege und Gassen sind mit grobem Pflaster befestigt. Begrenzt sind sie von langen Reihen hübscher ein- oder zweigeschossiger Steinhäuser mit braunrot gestrichenen kleinteiligen Straßenfassaden aus Holz und den typischen, fast schiffsförmig geschwungenen Satteldächern aus grauen Ziegeln. Die Obergeschosse der Häuser mit den Wohnräumen sind zur Straße hin von den Erdgeschoßzonen mit Läden und kleinen Werkstätten durch hüb-

Das mittelalterliche Städtchen Dali im Westen von Yunnan ist mauerumwehrt und noch heute durch zwei mächtige Stadttore zugänglich.

sche Vordächer abgesetzt. Nur in der Hauptstraße hat der Fortschritt dem harmonisch geschlossenen Ortsbild etwas zugesetzt – hier finden sich schon einzelne mehrgeschossige Betonbauten.

Doch sonst fühlt man sich in den engen, abschüssigen Gassen der Stadt um Jahrhunderte zurückversetzt. Autoverkehr gibt es hier

Eine Marktfrau trägt ihre Lasten durch die Hauptstraße von Dali, die geradewegs auf eines der beiden mächtigen Tore der mauerumwehrten Stadt zuführt.

kaum. Fahrräder holpern klingelnd über das grobe Pflaster, allerhand Federvieh und auch schwarze Schweine suchen im Staub nach Nahrung.

Viele Menschen, die uns entgegenkommen, tragen schwere Lasten auf dem Rücken, andere führen ihre Kinder spazieren oder stehen zu einem Schwatz beieinander. Die Frauen, besonders die jungen Mädchen, tragen noch die traditionelle, farbenfrohe Tracht der Bai. Ihre weißen Schürzen, gehalten von hübsch verzierten Bändern, sind reichbestickt mit Blumenmustern, ebenso die blauen oder violetten, seitlich geknöpften Blusen. Auf dem Kopf tragen die Mädchen kunstvoll zusammengebundene Tücher, wie Kronen fast, bestickt oder gebatikt und von fein gehämmerten silbernen Spangen zusammengehalten. Schon die Kinder tragen oft diese prächtige Tracht, ganz kleine Buben sehe ich mit reich bestickten Kappen. Die Männer sind dagegen eher schlicht gekleidet, tragen Arbeitshosen und Hemden, die sie kaum von den übrigen Chinesen unterscheiden.

Freundlich lächelnd kommen uns diese Menschen entgegen. Offen und direkt sind sie. Neugierig betrachten sie die Fremden. Scheu kokettieren die jungen Mädchen vor der Kamera. Mich beeindrucken die zerfurchten weisen Gesichter der alten Menschen, die vom einfachen Leben und von der harten Arbeit auf dem Lande erzählen.

Einmal in der Woche ist Dali ganz besonders von Leben erfüllt. Am Markttag kommen die Bai aus der weiten Umgebung. In allen Teilen der Stadt werden Stände aufgeschlagen, und oft gibt es kaum ein Durchkommen durch die Menschenmassen in den engen Gassen. Eindrucksvoll ist die bunte Vielfalt des Marktes: Es gibt Obst und Gemüse, Fleisch- und Fischstände. Garküchen, an denen Nudelsuppen und Bohnenquark angeboten werden. Stände mit Töpferwaren oder mit bunten Garnen und den Teilen der farbenfrohen Tracht, besonders den wunderschönen Tragetüchern für Kleinkinder.

Doch auch außerhalb der Markttage gibt es vieles zu entdecken in Dali. Lohnend ist ein Gang durch die Marmorfabriken, in denen das buntgemaserte Gestein der nahen Berge zu Platten und Gefäßen verarbeitet wird. Im Kiefernwald am Fuße des Cangshan sind einige sehenswerte buddhistische Tempelchen verborgen. Schön ist auch ein Ausflug zu den drei Pagoden, dem Wahrzeichen der Stadt, oder an den See, wo es zwischen Reis- und Gemüsefeldern idyllische kleine Fischerdörfer zu erkunden gibt. Welches Hallo der Schulkinder dort, welch gastfreundliche Aufnahme, als uns die Bai zum Tee in ihre Häuser baten oder gar zum Richtfest mit einer kurzen Zeremonie zum Segen des Hauses und einem handfesten Festessen!

Radelt man die Schotterwege am See entlang, so macht man immer neue Entdeckungen: Eine alte steinerne Bogenbrücke, halbverfallene Tempel in jedem Dorf, die hübschen Wohnhäuser der Fischer mit grobem Steinunterbau, verputztem Mauerwerk mit dunkler Bemalung und den charakteristischen geschwungenen Dächern. Vielerorts liegen hölzerne Fischerboote vor Anker – ein hübscher Anblick mit ihrem massiven Rumpf, dem rundgeschwungenen Deckaufbau und den filigranen Rechtecksegeln.

Daneben staken Fischer in winzigen Einbäumen hinaus, um mit langen Reusen winzige Speisefischchen zu erbeuten. Welch lange Anstrengung – welch geringer Fang!

Nach dem Markttag sehe ich einige Segelboote, die Passagiere an die Dörfer des gegenüberliegenden Ufers zurückbefördern sollen. Schwer werden sie beladen. Schon sind sie vollbesetzt mit Baifrauen in ihrer bunten

Malerische Pagoden stehen bei Dali über dem Erhaisee.

Tracht, da kommen immer noch neue Marktgänger mit schwerer Last an. Sie tragen große Körbe und Bündel, ganze Möbelstücke am Stirnriemen auf das Boot.

Vieles gibt es zu entdecken in der Umgebung von Dali. Tage und Wochen kann ich hier zubringen voller Erlebnisse. Ich genieße die reine Luft, das klare Licht, die Freundlichkeit der Menschen und die Pracht der Szenerie. Nach einer Wanderung durch die Berge des Cangshan, nach einer langen Fahrradtour oder nach einem Gang durch die Dörfer am See zieht es mich immer wieder zurück nach Dali, zu einem Kaffee in eines der kleinen privaten Restaurants oder in das Teehaus mit seinem gemütlichen Garten. Für Schach, Kartenspiel oder ein Gespräch finden sich hier immer Partner. Und der Tee schmeckt erst nach mehrmaligem Aufguß aus den bereitstehenden Heißwasserflaschen so richtig gut!

Nach wenigen Tagen fühlte ich mich in Dali schon fast wie zu Hause. Die netten Besitzer unseres Stammlokals, der Fotograf, der meine Filme entwickelte, der Junge vom Fahrradverleih – sie alle kannten mich schon und begrüßten mich herzlich, wenn ich ihnen einen Besuch abstattete. Die freundlichen Menschen, die Überschaubarkeit und Schönheit des Ortes, die Vielfalt der Umgebung – Dali wurde zu einer der schönsten Stationen meiner Chinareise. Schwer fiel mir der Abschied nach meinem ersten Aufenthalt. Noch wußte ich nicht, daß mich so etwas wie »Heimweh« schon zwei Wochen später wieder nach Dali zurückbringen würde. Gerne habe ich die lange Busfahrt von Kunming aus noch einmal auf mich genommen, um diesen wunderschönen Landstrich wiederzusehen!

Markttag in Shaping

Aus allen Richtungen sind die Menschen heute unterwegs nach Shaping; in klapperigen Omnibussen, mit Kleinlastern und auf dreirädrigen Transportvehikeln reisen sie an. In dem kleinen Ort findet heute – wie jeden Montag – der wichtigste und größte Wochenmarkt der Bai am Erhaisee statt.

Die offenen Fahrzeuge sind hochbeladen mit Waren. Obenauf sitzen die Marktgänger, zumeist Frauen und Mädchen in ihrer farbenfrohen Tracht mit dem prachtvollen Kopfschmuck. Auch wir erreichen nach einstündiger Fahrt von Dali her den kleinen Marktort. Noch verschlafen wirkt er mit seinen hübschen Lehmziegelhäusern unter den typisch geschwungenen Dächern. Der nahe See liegt im Morgendunst, die ersten Reusenfischer staken mit ihren kleinen Kähnen hinaus.

Am Ortsrand herrscht schon rege Geschäftigkeit. Ein sanfter Hügel, von weither sichtbar, ist der ideale Marktgrund. Hier werden nun die einfachen Stände aufgeschlagen. Männer und Frauen tragen aus allen Richtungen schwere Lasten auf dem Rücken heran, Pferdekarren und Kleinlaster bahnen sich ihren Weg durch das Gedränge.

Gegen zehn Uhr beginnt der Marktbetrieb. Die Verkäufer haben sich eingerichtet, ihre Kunden strömen nun auf den Markthügel, der bald überfüllt ist mit Menschen – ein buntes Meer der Farben und Gesichter.

Die Marktstände sind streng nach ihrem Warenangebot zusammengefaßt. Am Fuße des Hügels sehe ich Stände mit Töpferwaren – irdene Krüge und Schüsseln in satten Erdfarben. Gleich daneben: Marktfrauen mit Nudelbündeln und Reissäcken, gefolgt von Ständen mit allerlei Gemüse und Tabak. Hier gibt es dicke Ballen von Tabakblättern, aber auch dunkle Zigarren und Strünke von Pfeifentabak. Ich dränge mich hindurch durch die Men-

Fast liebevoll werden die mächtigen Wasserbüffel von den Bauern der Bai behandelt.

Jeden Montag versammeln sich die Bai am Erhaisee zum farbenprächtigen Markt von Shaping.

schenmassen. Frauen tragen sperrige Körbe auf dem Rücken, andere zerren quengelnde Kinder hinter sich her. Jeder hat es eilig, jeder möchte der Erste sein! Vorbei an den Ständen der Metzger mit schlachtfrischen Schweinehälften, Bergen von Innereien und werbewirksam aufgebauten Schweineköpfen geht es den Hügel hinauf zu den Tuch- und Kleiderhändlern. Neues und Gebrauchtes ist hier zu erstehen: fein bestickte Einzelteile der farbenfrohen Tracht – Schürzenbänder, Kindertragen, Babyschuhe.

An den Ständen mit Stoffen und bunten Garnen drängen sich die hübschesten Mädchen der Bai. Sie haben sich zum Markttag besonders fein herausgeputzt mit ihren schmucken weißen Schürzen, den purpurnen oder blauen Blusen und den silbergeschmückten Kopfgebinden, gestickt oder aus Batiktuch. Scheinbar scheu kokettieren sie vor der Kamera, freuen sich aber, wenn auch der Besucher aus der Fremde sie bewundert.

Nebenan wird Geflochtenes angeboten – Reisschütten und Körbe –, daneben allerlei Eisenwaren. Zwischen den handgefertigten einfachen Werkzeugen entdecke ich einige wertvolle alte Wasserpfeifen. Lange feilsche ich mit dem Händler um ein besonders schönes Stück, bis wir uns über den Kaufpreis einigen können. Schon bald hat sich um mich eine Schar neugieriger Beobachter versammelt. Zumeist sind es alte Frauen und Männer mit faltigen, wettergegerbten Gesichtszügen.

Den Gipfel des Hügels schließlich teilen sich die Märkte für Möbel und Hausvieh. Roh gezimmerte Kommoden und Schränke werden feilgeboten und nach Kaufabschluß von ihrem neuen Besitzer in mühsamem Balanceakt den Hügel hinuntergeschleppt. Oft sind es Frauen, die diese Schwerarbeit vollbringen müssen, die Männer tragen offensichtlich lieber die Verantwortung!

Auf dem Viehmarkt stolpere ich fast über ganze Bündel von Ferkeln und Schweinen, zwischen denen sich die Menschen hindurchdrängen. Ist eines der schwarzen Schweinchen verkauft, so beginnt es sofort ein ohrenbetäubendes Gequieke und Geschrei, wenn es weggetragen oder einfach an den Hinterfüßen davongezerrt wird.

Auch Federvieh wird hier zum Kauf angeboten – Hühner, die mit kleinen Handwaagen abgewogen werden. Hier sind es zumeist Frauen, die um den Preis feilschen und die Tiere mit sachverständigem Blick vergleichen.

All das Gedränge und Geschiebe, all diese Eindrücke, Anblicke und Gerüche – sie ermüden mich nach einigen Stunden. Ich setze mich an einem der zahlreichen Eßstände nieder. Süß gefüllte Fladenkuchen gibt es hier, Nudelsuppen, aber auch Reis mit allerlei Gemüsen und Fleischsoßen. Eine lokale Spezialität scheint rohes Schweinefleisch, getunkt in Kräutersoße, zu sein, das von vielen Gästen dieser Garküche verzehrt wird. Hierfür kann ich mich denn aber doch nicht begeistern und stärke mich lieber mit einer kräftigen Suppe!

Am Nachmittag neigt sich der Markt seinem Ende zu. Kunden und Händler strömen über die Feldwege davon, über die sie Stunden zuvor herandrängten. Ich finde Platz in einem der überfüllten Busse, die nun nach Dali zurückkehren. Baifrauen sitzen neben mir, zeigen sich gegenseitig die erstandenen Waren und schwatzen miteinander über die Begegnungen auf dem Markt, über die Neuigkeiten, die sie heute wieder erfuhren.

Ich bin todmüde nach acht Stunden Marktgedränge. Todmüde, aber zufrieden und glücklich. Ich habe heute einen wöchentlichen Höhepunkt im Alltagsleben der Bai am Erhaisee miterleben dürfen. Und ein paar kleine Mitbringsel konnte ich auch erhandeln, die mich noch lange an diesen Tag erinnern werden.

Die Herausforderung des Cangshan

Vor Sonnenaufgang sind wir aufgebrochen. Es ist mein zweiter Versuch, den Gipfel des Cangshan-Gebirges über Dali zu besteigen. Das erste Mal hatte ich die mehr als 2000 Höhenmeter des Aufstieges unterschätzt und erreichte den Gipfel nicht. Er liegt immerhin auf 4122 Meter über dem Meeresspiegel!

Zunächst geht es über Feldwege und durch Weideland. Wir durchqueren einen chinesischen Friedhof am Berghang und stehen bald am Rand des frischen Nadelwaldes, der weite Teile des Cangshan bedeckt. Drüben, auf der anderen Seite des See geht gerade die Sonne als großer, feuriger Ball über dem Bergland auf. Ihre ersten Strahlen wärmen uns angenehm.

Ein gut markierter Waldweg führt uns zu einem buddhistischen Kloster. Dort angekommen, sind wir stolz, den Weg viel schneller als erwartet geschafft zu haben. Kurz machen wir Rast bei einem heißen Tee aus der Klosterküche und brechen gleich wieder auf. Ein weiter Weg liegt heute vor uns.

Noch ist der Pfad gut gebahnt. Er schlängelt sich um einen breiten Vorberg herum, hinter dem der eigentliche Cangshan steil vor uns aufragt. Der feuchte Boden ist an vielen Stellen gefroren von der Nacht. Bald wird auch der Wald dichter mit hinderlichem Unterholz, welches den Pfad stellenweise verdeckt. Gebückt bahnen wir uns einen Weg, gleiten oft aus auf dem dichten Teppich der Kiefernnadeln.

Unvermittelt kommen uns drei Frauen vom Volke der Bai entgegen. An Stirnbändern tragen sie große Lastenbündel. Sie haben am Berg Holz geschlagen und Gras geschnitten, das sie nun auf dem schmalen Trampelpfad zu Tale schleppen. Scheu lächeln sie uns an. An ihren Gesichtern kann ich die Mühen der Arbeit ablesen.

Nach weiteren eineinhalb Stunden Aufstieg endet der Wald zunächst. Das sich anschließende Grasland gibt den Weg frei auf den schneebedeckten Gipfel über uns und auch auf die bereits durchquerten Berghänge unter uns. Weit weg und schon winzig klein liegt die Stadt Dali im Tal. Wir können ihren regelmäßigen Aufbau erkennen, sehen die Stadtmauer und die Stadttore. Dahinter erstreckt sich der tiefblaue See zwischen grünen Reisterrassen, gefaßt von rotbraunen Bergzügen. Ganz im Norden erhebt sich majestätisch das eisbedeckte Massiv des Jadedrachenberges, den wir noch eine Woche zuvor besucht hatten – über 150 Kilometer von hier entfernt!

Ein überwältigendes Panorama! In unserer Euphorie glauben wir schon, die Hälfte der Wegstrecke hinter uns gebracht zu haben. Wie sehr irren wir uns!

Der nun folgende Aufstieg durch das Grasland wird beschwerlich und zeitraubend, da wir mehrmals den schmalen, dicht überwachsenen Pfad verlieren. Mühsam klettern wir durch das störrische Buschwerk. Nach einer Weile finden wir den steinigen Weg wieder, der uns über meterhohe Felsbrocken um einen schroffen Nebengipfel herumführt. Senkrecht fallen die Felswände mehrere Hundert Meter tief neben dem Pfad ab. In der Ferne rauschen Wildbäche.

Dann beginnt der Wald von neuem! Der Aufstieg wird kräftezehrender als zuvor. Die niedrigen Zweige schlagen uns ins Gesicht. Wir müssen ständig über umgestürzte Bäume und durch starkes Unterholz klettern. Am Boden liegt eine geschlossene Schneedecke. Wir kämpfen uns lange Zeit voran, bis wir schließlich keuchend einen Hügel aus lockerem Geröll erreichen.

Mit zitternden Knien hocken wir uns hin. Ein

Kurz nach Sonnenaufgang fahren die Fischer der Bai zum Fang auf den Erhaisee hinaus.

Schluck aus der Feldflasche, eine Orange, ein paar Nüsse – unser Marschproviant wird deutlich weniger! Aber der Gipfel liegt schon recht nahe. Dicke Schneebretter hängen an seinen schroffen Felswänden, Vegetation ist dort oben nicht mehr zu entdecken.

Doch noch trennt uns ein Waldstück von unserem Ziel, dichter als zuvor. Fast zwei Stunden brauchen wir, um uns dort hindurchzuquälen. Steigen und Kriechen. Sich an Buschwerk hinaufhangeln und immer wieder ausrutschen im feuchten Schnee. Immer höhere Felsbrokken zwingen uns zum Klettern. Sorgsam gilt es hier Halt zu suchen, denn ein Absturz, ein Beinbruch – das darf uns hier oben nicht passieren!

Um 14 Uhr erreichen wir den Gipfel. Die letzten müden Schritte – jetzt stehen wir ganz oben! Voller Freude klopfen wir uns auf die Schultern.

In dem Städtchen Xishu am Erhaisee finden sich prächtige Beispiele der traditionellen Baukunst der Bai. Die Wohnhäuser mit ihren typisch geschwungenen Dächern sind oft mit feiner Fassadenmalerei der Giebel dekoriert.

In der Sonne können wir die durchnäßten Schuhe und Strümpfe etwas trocknen, die eiskalten und fast gefühllosen Füße aufwärmen. Wir hocken an der steinernen Gipfelmarkierung, erschöpft, aber voller Freude und überwältigt vom Rundblick. Im Osten, stark im Dunst verschwommen – der Erhai-See. Im Norden am Horizont – die Schneeberge Tibets. Im Westen, direkt unter uns – eindrucksvolle Landschaft der Höhenzüge und tiefen Taleinschnitte, die uns Touristen derzeit noch verschlossen ist. Und direkt neben uns, im Süden – ein weiterer Gipfel des Cangshan, abweisend schroff mit senkrechten Wänden und messerscharfen Graten.

Nur eine knappe halbe Stunde bleibt uns, dann müssen wir den Abstieg beginnen, wollen wir vor Einbruch der Dunkelheit bis zum Kloster zurückgelangen. Zunächst geht es recht flott voran, viel leichter als beim Aufstieg. Oft setzen wir uns auf den Hosenboden und rutschen im Schnee johlend unter den tiefhängenden Zweigen hindurch. Ich säge mir einen prächtigen Kiefernast ab, den ich als »Trophäe« mit ins Tal nehmen möchte und als Raumschmuck, denn morgen ist Heiligabend!

Nach etwa zwei Stunden passiert es dann: Wir verlieren den Pfad gänzlich im dichten Buschwerk. Wir peilen eine grobe Richtung an auf einen Punkt, den wir wiederzuerkennen glauben und kämpfen uns mühsam durch die dichten Büsche und Bäume, kriechen oft buchstäblich durch sie hindurch. Mehrmals verliere ich Sichtkontakt zu meinem Begleiter Steve, wir können uns nur durch Zuruf wiederfinden. Er hat inzwischen seine Uhr verloren; ich habe mich durch die entgegenschlagenden Äste im Gesicht verletzt. Die unaufhaltsam tiefersinkende Sonne zeigt uns, daß es höchste Zeit ist, den Pfad wiederzufinden. Plötzlich liegt er dann wieder unvermittelt vor uns. Fast hätten wir den überwucherten Trampelpfad übersehen. Wir steigen ab, so schnell wir können. Nur im Kiefernwald oberhalb des Klosters verlangsamen wir unseren Schritt noch einmal. Zu betörend ist der frische Duft der Bäume, unter denen sich ein federweicher Nadelteppich ausgebreitet hat. Am Wegesrand stehen schöne Blumen, blau, violett und weiß blühend. Auch Edelweiß finde ich in großer Zahl. Vögel nehmen geräuchvoll Reißaus vor uns. Wir haben jedoch das Glück, einen farbenprächtigen Fasan zu entdecken und kurz beobachten zu können.

Endlich ist das Kloster erreicht. Es dämmert schon. Der Mönch schenkt uns einen starken Tee ein, drängt uns aber zu raschem Abstieg. Müde stolpern wir die Steinstufen durch den Wald zurück, hasten über die Weidewiesen, sehen die Lichter der Stadt vor uns. Schon völlig dunkel ist es, als wir uns den Weg durch die letzten Reisfelder suchen. Die Knie zittern, geben nach. Die Muskeln sind verkrampft, der ganze Körper schmerzt. Nach zwölf Stunden der Anstrengung haben wir es geschafft! Jetzt steht uns der Sinn nur noch nach einer Dusche, einer besonders kräftigen Mahlzeit und – dem Bett!

Xishuangbanna – In Chinas Tropen

Schon bei der Anreise aus Kunming können wir aus der niedrig fliegenden Propellermaschine die Merkmale des südchinesischen Tropenlandes erkennen: Die sanften Hügel sind von unberührtem Regenwald überzogen, an abgeholzten Hängen schimmert das tiefe Rotbraun des Erdreiches durch. Vereinzelt sind Reisterrassen am Schwung der Hügel angelegt; die Menschen scheinen jedoch größtenteils in den Tälern zu siedeln: Zwischen weiten, überfluteten Reisfeldern haben sie ihre Dörfer und Anwesen errichtet, verbunden von dem sich schlängelnden braunen Band der Staubpiste, die von Kunming nach Xishuangbanna führt.

Schließlich in Jinghong angekommen, erleben wir tropische Atmosphäre und tropisches Klima hautnah: Palmen und Papayabäume beschatten den Garten unseres Hotels; vielerlei blühende Sträucher, Ananasstauden und sogar Orchideen machen ihn für uns zu einem kleinen Paradies. Gemächlich ziehen die

Die Wohnhäuser der Dai im tropischen Süden der Provinz Yunnan sind ganz aus Holz errichtet und zeichnen sich durch die elegante Kontur ihrer Dächer aus.

schmutzig-braunen Wasser des Mekong durch das weite Tal, hell und klar strahlen die Sterne in den lauen Tropennächten.

Die Stadt Jinghong hat kaum touristische Sehenswürdigkeiten zu bieten. Der Ort ist geprägt von modernen Betonbauten und kleinen Industrieansiedlungen. Doch die üppig blühenden Straßenbäume, die bunte Vielfalt des Marktes und der Blick auf die umliegenden Dschungelberge vermitteln bereits ein starkes Gefühl für Chinas tropischen Süden.

Ausflüge führen uns in die umgebenden Dörfer des Dai-Volkes. Eindrucksvoll die Geschlossenheit und Einheitlichkeit dieser Siedlungen, die Schönheit der traditionellen Holzbauten!

Die einzelnen Wohnhäuser sind auf Stelzen errichtet. Unter den Wohnräumen und der großen Terrasse bleibt Lagerfläche für Gerät und Raum für das Kleinvieh und den Wasserbüffel der Familie. Hohe Palmstrohdächer legen sich schützend und beschattend über die meist winkelförmigen Gebäude und reichen weit über die hölzernen Seitenwände herab.

Über eine steile Holzstiege gelangt man hinauf auf die Terrasse, wo ein Großteil der Hausarbeit im Freien verrichtet wird. Dieses Wohndeck wird zumeist auf zwei Seiten vom eigentlichen Gebäude umschlossen mit einem großzügigen und hohen Wohnraum und zwei oder drei kleineren Schlafkammern. Das Innere des Wohnhauses wirkt aufgeräumt und sauber. In einer Ecke des Hauptraumes finde ich die Feuerstelle, sorgfältig eingefaßt von in die Holzdielen eingelassenen, behauenen Steinen. Einige niedrige Schemel und Sitzmatten bilden das einzige Mobiliar des Raumes. Wenige Sonnenstrahlen fallen durch die geöffneten Schiebeläden in das angenehm kühle Halbdunkel des Hauses.

Ähnlich, aber nicht identisch stehen die Einzelhäuser zum Dorf zusammen, reich durchgrünt und durchzogen von zahlreichen Fußpfaden zwischen den Bambusumzäunungen der Anwesen.

An höchster Stelle und gleichsam im Zentrum des Dorfes steht das Kloster. Sein Äußeres beeindruckt durch das mächtige Dach mit grün glasierten Ziegeln und kleinteiligen Dachreitern. Im Inneren faszinieren mich die fast naiv anmutenden, religiösen Darstellungen. Eine grob geformte, meterhohe Buddhastatue bildet das Zentrum der religiösen Verehrung. Die Wände des Gebetsraumes sind von einfachen rot-goldenen Ornamenten überzogen, aus dem hölzernen Dachstuhl hängen lange Gebetsfahnen mit Darstellungen von Tieren und Menschen herab.

Eine Schar von jungen Mönchen begrüßt uns in safrangelber Tracht. Sie sind von ihren Familien zur Ausbildung ins Kloster geschickt worden. Ihre Köpfe sind kahlgeschoren, freudig begrüßen sie unseren Besuch, der etwas Abwechslung in ihr ruhiges Klosterleben bringt. Wir spüren, daß die Religion hier wie auch in anderen Randgebieten des chinesischen Großreiches lebendig und tief im Volke verwurzelt ist, sich nicht durch die Wirren der Kulturrevolution vernichten ließ.

Unvergeßlich bleibt mir die Begegnung mit dem freundlichen und fröhlichen Volk der Dai in diesen Dörfern. Mit ihren feinen Gesichtszügen und der dunklen Haut ähneln sie stärker den ihnen auch verwandten Thai als den Han-Chinesen. Besonders die Frauen strahlen natürliche Würde und Grazie aus in ihren langen Sarongs und mit ihren hübschen Sonnenschirmen.

Mehrmals werden wir zum Tee oder zum Essen eingeladen in den Dörfern, die wir besuchen. Überall sind wir willkommen, die Menschen bei der täglichen Arbeit zu beobachten: Eine Frau webt lange Stoffbahnen auf ihrem einfachen Webstuhl. Ihre Nachbarin flechtet Körbe

Auf einem Hügel bei Damenlong entdecken wir diese buddhistische Stupa der Dai.

im Schatten vor dem Hause. Nebenan verliest eine lächelnde Alte Reiskörner. Wie schön wäre es, die Sprache dieser Menschen sprechen zu können, um mehr von ihnen zu erfahren, ihre Freundlichkeit besser erwidern zu können, Antwort geben zu können auf ihre Fragen!

Auf den bunten tropischen Märkten der Umgebung begegnen wir neben den Dai noch anderen Volksgruppen, die weiter entfernt im Bergland siedeln. Wir erleben den Sonntagsmarkt in Damenlong, einem weltabgeschiedenen kleinen Handelsposten nahe der Grenze zu Burma, etwa 90 Kilometer südlich von Jinghong. Die Händler haben ihre Waren am Rande der Ortsstraße im Staub ausgebreitet, dicht drängen sich die Marktgänger an ihnen vorbei. Die Familien der Hani sind in ihrer feinbestickten schwarzen Tracht gekommen, um Eisenwaren oder Stoffe zu erstehen oder um ihr eigenes Angebot anzupreisen: tropische Früchte, Gemüse und kleine Flußfischchen. Frauen der Bergdai in einfacher, aber farbenfroher dunkelgrundiger Tracht mit reichem Silberschmuck und Kopfhelm bringen ihre selbstgewebten Stoffe zur Färberei am Ortsrand. Sie sind den Fremden gegenüber scheuer als die Dai der Täler, aber ihr Lächeln und ihre Blicke sind nicht weniger freundlich.

Nach dem Markt folge ich einer Gruppe von Ihnen, die den Heimweg in ihr Dorf antritt. Wir durchqueren die weite Ebene der Reisfelder und steigen dann für etwa zwei Stunden auf schmalen Pfaden die grünen Hänge der regenwaldbedeckten Berge hinauf. Überall entdecke ich kleine Pflanzungen und gerodete Abschnitte, Papayabäume mit schweren Früchten, pralle Ananasstauden. Plötzlich empfangen uns die freudigen Rufe von Kindern, die uns entgegenkommen. Minuten später stehe ich im Dorf der Bergdai. Seine Anlage und die Bauweise der Häuser erinnern mich an die zuvor besuchten Dörfer, eindrucksvoll ist für mich die Lage dieser Ansiedlung auf der Kuppe eines hohen Berges mit weitem Rundblick über das tropische Land. Sofort versammelt sich das halbe Dorf um mich, Fremde sind hier selten. Niemand spricht Englisch, ich kann mich nur durch Gesten verständigen. Ich werde in eines der schmucken Holzhäuser gebeten und bekomme eine Tasse Tee.

Das Lächeln der Menschen ist offen und freundlich. Sie leben hier droben unter einfachsten Bedingungen, aber ich bin ihnen sofort als Gast willkommen.

Als ich den Hügel hinter dem Dorf besteigen möchte, halten mich einige junge Männer zurück: Zu gefährlich sei es für mich; wenige hundert Meter entfernt verlaufe die Grenze nach Burma und die Wachen im Wald könnten auf mich schießen. Ich bin dankbar für die Warnung und mache mich schließlich wieder auf den Rückmarsch ins Tal nach Damenlong.

Xishuangbanna zeigte uns ein weiteres Gesicht des so vielgestaltigen Reiches der Mitte. Xishuangbanna bleibt uns unvergeßlich durch die Fülle und den Reichtum des tropischen Landes, die Gastfreundschaft und eigenen Traditionen seiner Bewohner, die Schönheit und Harmonie ihrer Siedlungen.

Bäuerinnen verschiedener Volksgruppen treffen sich auf dem Sonntagsmarkt in Damenlong.

◀ Feingeschnittene Gesichtszüge, schlanke Gestalt und der buntbedruckte Sarong zeichnen dieses Mädchen vom Volk der Dai aus.

Diese Marktgängerin in Damenlong stammt vom Volke der Bulang. ▶

▼ Dai Frauen bieten kleine Leckereien auf einem Markt in Xishuangbanna zum Kauf an.

▼ Marktgänger in Damenlong: Die Frauen der Minderheitenvölker in Südyunnan tragen noch die traditionellen Trachten, während die Männer durchweg die chinesische Einheitskleidung übernommen haben.

Tropische Nächte in Südchina

Aufatmen nach der glühenden Hitze und der Feuchte des Tages. Laue Wärme und erwachendes Leben in der Finsternis.

Strahlend hell leuchten die Sterne durch das dunkle Dach der Palmen. Der klare Nachthimmel ist voller Tiefe und Raum. Immer neue Lichtpunkte und Bilder entdeckt das Auge. Eine Sternschnuppe.

Von der Straße klingt das Lärmen lebensfroher Menschen herüber. Die Lähmung der Tageshitze ist abgeschüttelt. Hier in meinem Garten erfüllt der Klang der Grillen und Zikaden die Luft. Der Pfiff der Tropenvögel. Der Flügelschlag der Fledermaus.

Vom anderen Ufer des Flusses tönen Schreie aus dem Wald. Geräusche und Laute in der Nacht, die meine Phantasie anregen, mich träumend machen.

Die Luft ist schwer noch, beladen mit süßem Duft. Die Vielfalt der tropischen Blütenbüsche und Fruchtbäume wirft ihre Schatten im Sternenlicht. Die Tropennacht nimmt mich in sich auf.

Am Pfirsichfluß – Die Berge von Guilin

Wie von Riesenhand hingeworfen türmen sie sich vor mir auf: die Felsberge am Pfirsich-Fluß zwischen Guilin und Yangshuo. Steile Karstfelsen stehen vereinzelt oder in unregelmäßigen Gruppen zusammen und überragen tiefgrüne Reisfelder und enge Schluchten. Fast senkrecht fallen ihre Wände ab. Ihre bizarren Spitzen und Überhänge bilden den Reiz dieser Landschaft, die seit Jahrhunderten die Dichter und Maler Chinas anzieht und fasziniert. Jeder dieser Felsen ist eine Persönlichkeit für sich – einzigartig und unverwechselbar in seiner Gestalt. Poetisch klingen ihre Namen: Elefantenrüsselberg, Vierfarbenhügel, Gipfel der einzigen Schönheit.

Schon in der Stadt Guilin kann ich den Zauber der nahen Felsberge erahnen. Einige von ihnen haben sich am Rand und sogar mitten in der Stadt aufgebaut. Auf dem Fuboshan erlebe ich einen wundervollen Sonnenuntergang.

Einen direkten Eindruck und hautnahen Kontakt zu dieser grandiosen Landschaft bekomme ich auf der Flußfahrt in den kleinen Ort Yangshuo und bei meinen Wanderungen in die umliegenden Dörfer.

Die schroffen Felsen tragen Kappen und Mäntel von tiefgrünem Buschwerk, das sich an die Überhänge klammert. Knorzige Bäume behaupten sich auch noch auf den schmalsten Graten. Tiefe Spalten zerteilen die karstigen Felswände. Dunkel lauern die Zugänge zu ungezählten Höhlen und Grotten.

Welch einen Kontrast bilden diese Felsberge zur Talebene des Li-Flusses, der sich windungsreich zwischen ihnen hindurchschlängelt! Bambushaine begleiten seinen Lauf, Reisfelder sind in den Aufweitungen des Tales angelegt. Hübsche Dörfer mit strohgedeckten Lehmziegelhäusern schmiegen sich dicht an die senkrecht aufragenden Felswände oder besetzen die Sandbänke der Flußschleifen.

Auf dem Fluß selbst herrscht buntes Leben: Fährboote kommen uns entgegen, Flößer staken von Ufer zu Ufer. Alte Fischer sind in

Eine Fahrt auf dem Pfirsich-Fluß, der sich zwischen steilen Felsbergen hindurchwindet, gehört zu den Höhepunkten einer Chinareise.

winzigen Kähnen oder auf Bambusflößen unterwegs. Sie fischen noch mit abgerichteten Kormoranen, denen der Hals eingeschnürt wird, damit sie die Beute nicht verschlingen.

An den Ufern waschen die Frauen Wäsche, Netze werden geflickt. Junge Buben laufen johlend am Ufer entlang und winken den Touristen auf dem kleinen Flußdampfer zu. Bauern bestellen ihre Felder mit einfachen Pflügen, vor die sie ihre Wasserbüffel gespannt haben.

Landschaft und ländliches Leben erscheinen mir hier zeitlos, heute scheinbar wie vor Jahrhunderten.

Auf dem Flußdampfer zog diese Landschaft viel zu schnell an mir vorbei, bei meinem Aufenthalt in Yangshuo kann ich sie umso intensiver erleben. Ich durchwandere die umgebenden Dörfer. Schmucke Steinhäuser mit Strohdächern reihen sich entlang der unbefestigten Gassen aneinander. Quiekende Hängebauchschweine und gackerndes Federvieh nehmen vor dem fremden Besucher geräuschvoll Reißaus. Mit dem Fahrrad erkunde ich die weitere Umgebung. Zwischen den karstigen Felsbergen ist jedes Fleckchen Land zum Reisanbau genutzt. Einige der Felder sind schlammig braun, andere leuchten tiefgrün in der Farbe der gerade gepflanzten Sprößlinge. Reiher waten durch die Felder und suchen nach Kleingetier. Enten- und Gänseherden schnattern aufgeregt am Rande der kleinen Deichwege entlang.

Nach Durchquerung einer weiten Ebene tritt die Kulisse der Felsberge plötzlich dichter zusammen, der Weg führt durch einen schmalen Einschnitt. Dahinter bietet sich mir ein unvergeßliches Bild: Die tiefgrünen Felder werden wie ein Amphitheater eingerahmt von den bizarren Karstbergen. Ich mache Rast unter einem mächtigen Banjanbaum, der neben einigen Anwesen steht. Bauern kehren vom Felde heim. Die Frauen des Dorfes, im Klatsch vertieft, mustern mich neugierig. Kinder lachen mich an. Kaum kann ich mich trennen von der Schönheit der Szenerie, doch die sinkende Sonne zwingt zur Rückkehr.

Kontrast und Harmonie, Höhe und Tiefe, Enge und Weite. Die Berge um Guilin prägen einen unverwechselbaren und unvergeßlichen Ort. Daran ändern auch die Massen der Touristen nichts, die tagtäglich den Pfirsich-Fluß befahren als kurze Gäste in dieser zeitlosen Landschaft!

Das Städtchen Yangshuo liegt wunderschön zwischen Li-Fluß und malerischen Karstbergen. Von diesem Ort aus läßt sich die malerische Landschaft im Süden von Guilin am besten erkunden.

Begegnungen auf Chinas Straßen

So vielgesichtig wie die Volksrepublik China selbst ist, so unterschiedlich sind auch die Straßenverbindungen, die der Reisende in diesem Land befährt, so interessant sind die Begegnungen und das Leben auf diesen Überlandwegen.

Für uns Europäer sind mehrspurige Fernstraßen und Autobahnen schon zur Selbstverständlichkeit geworden. In China dagegen ist das Straßennetz weit weniger ausgebaut. Im dichtbesiedelten Osten quält sich der dichte Verkehr von Gütern und Menschen über viel zu schmale Landstraßen. In den Einöden und Wüsten des Westens und im Bergland von Tibet bilden vielfach Staub- oder Schlamm- und Eispisten die einzige Verbindung von Ort zu Ort. Ihre Befahrbarkeit ist abhängig von den Wetterbedingungen, manchmal sind sie für Tage oder Wochen unterbrochen.

Interessant und spannend sind die Begegnungen und Beobachtungen auf Chinas Straßen: Mir kommen altertümlich anmutende Kraftfahrzeuge einheimischer Produktion entgegen; Menschen sind mit dem Fahrrad oder zu Fuß unterwegs; Tierherden werden über die Landstraße getrieben.

Ich sehe vergleichsweise wenige Personenwagen – und wenn, dann sind es äußerst selten Privatfahrzeuge. Die Limousinen oder Geländewagen sind zumeist im Besitz von Transportkollektiven, dienen als Dienstwagen von Betrieben oder stehen staatlichen Funktionären zur Verfügung. Meistens sind es chinesische Fabrikate, deren Äußeres an Automobile der 50er Jahre erinnert – allen voran das tonnenschwere Flaggschiff »Roter Stern« in exklusivem Schwarz oder auch der rundlich wirkende »Shanghai«. Chauffeure steuern die Staatskarrossen, im Fond sitzen die Funktionäre hinter spitzenverhängten Scheiben, demonstrativ in Blau gekleidet mit der typischen »Arbeitermütze«. In letzter Zeit kann man diese Spezies bisweilen auch in moderneren Personenwagen ausländischer Typen antreffen auf Chinas Straßen, unter anderem auch in einem bundesdeutschen Modell, das in Shanghai in Lizenz produziert wird.

Der weniger privilegierte Durchschnittsbürger in China fährt dagegen, wenn er sich überhaupt eine Reise leistet, mit der Bahn oder mit dem Überlandbus. Vollbesetzt rumpeln die Busse über die Landstraßen, hohe Gepäckballen türmen sich auf ihren Dächern. Als Mitreisende treffe ich des öfteren auch Hühner, Enten und allerlei anderes Kleinvieh an.

Auch diese Busse stammen fast ausschließlich aus einheimischer Produktion. Ihre Modellnamen wie »Emeishan« oder »Leshan« zeigen, in welcher Stadt sie in dezentralen, kleineren Fabriken und oft weitgehend in einfacher Handarbeit hergestellt werden.

In den ganz abgelegenen Gebieten des Landes besteht oft nicht einmal mehr reguläre Busverbindung. Dann wird auch der ausländische Reisende mit etwas Glück von einem der Lastkraftwagen mitgenommen, die den Großteil des gesamten Straßenverkehrs in ganz China ausmachen. Manche Fahrer sind alleine unterwegs. Andere fahren in größeren Gruppen und im Konvoi. Die meisten Lastwagen sind dunkelgrüne Militärfahrzeuge, andere gehören zu Transportkollektiven, deren Name in chinesischen Lettern auf den Türen des Fahrerhauses prangt.

Nur wenige Schwerlastzüge oder Fahrzeuge ausländischer Produktion sind bisher unterwegs; fast ausschließlich trifft man auf einen antiquiert anmutenden chinesischen Standardtyp. Hier und da bleibt zwar schon einmal einer von ihnen mit qualmendem Motor auf der Strecke, aber in der Regel stampfen sie wacker und schwerbeladen über weite Tagesreisen. Ihre Fahrer sind oft abenteuerliche Gesellen, besonders die »Trucker« der Tibetaner oder Uiguren. Sie wagen sich mit ihren Fahrzeugen auf Pisten und durch wegloses Gelände, das andere kaum mit einem starken Geländewagen befahren würden. Städte wie Kashgar und Lhasa sind bis heute in ihrer Existenz und Entwicklung von diesen Lastwagen und ihren Fahrern abhängig. Eine Mitfahrgelegenheit etwa mit einem Lastwagenkonvoi in Tibet verspricht in jedem Fall Aussicht auf ein unvergeßliches Erlebnis, manchmal auch ein Abenteuer.

In ländlicher Gegend drängeln sich oftmals fremdartig und exotisch anmutende Kleinfahrzeuge durch den Verkehr, die für sich schon einen guten Blickfang für jedes Automobilmuseum abgeben würden. Da sehe ich nicht nur qualmende Traktoren, die an Dampfmaschinen erinnern und deren Steuerkabinen wie bei Kampfmaschinen zugeschweißt sind mit einer einzigen kleinen Ausblicköffnung direkt nach vorne. Da sind auch die Kleinlaster mit Traktormotor, die sich mit ohrenbetäubendem Lärm und schwarzer Rauchwolke nur im Zeitlupentempo fortzubewegen scheinen. Oder die winzigen Kipper, die auf ihrer kleinen Lademulde oft nur einen einzigen mittelgroßen Felsbrokken über die Straße karren! Und nicht zuletzt – Fahrmaschinen, die wie eine Kreuzung aus Traktor, Kleinlaster und Rasenmäher anmuten: Hoch auf dem Sattel reitet der Fahrer über einer kleine Ladepritsche, fest gepackt hält er die Lenkgabel mit beiden Händen, mit der er in jeder Kurve das gesamte Vorderteil des Vehikels mit dem offenliegenden Motor, den eng beieinanderstehenden Vorderrädern und dem winzigen Scheinwerfer herumwerfen muß. Die Geschwindigkeit dieser Fahrzeuge hat mir oft Angst gemacht, vor allem, weil sie meist hoch beladen sind mit Lasten und Menschen und weil ihre Fahrer sich nicht allzusehr um den übrigen Verkehr zu kümmern scheinen. Sie sind wohl zu sehr beschäftigt mit der eigenen Technik! Mehr als einmal sah ich Mitfahrende von diesen Vehikeln herunterfallen, mehr als einmal sah ich ein solches Fahrzeug fürchterlich zertrümmert und verbogen im Straßengraben liegen.

Auch Motorräder treffe ich auf Chinas Straßen. Bullige Maschinen sind es zumeist, oft mit Seitenwagen und Platz für die ganze Familie. Breitbeinig reiten die Fahrer auf dem Sattel, mit dickem wattiertem Mantel und Pelzmütze sehen sie recht verwegen aus.

Eine ganze Palette exotischer Motorfahrzeuge also, die mir auf Chinas Straßen begegnen, eine Reihe interessanter Beobachtungen und Begegnungen auch beim Blick hinter das Lenkrad! Doch damit nicht genug – neben Motorfahrzeugen ist noch allerhand mehr unterwegs: Kurze Strecken legt der Chinese mit dem Fahrrad, zu Fuß oder mit dem Reit- oder Zugtier zurück.

Nie vergessen werde ich eine Busfahrt durch Sechuan, bei der wir trotz größter Anstrengung des Fahrers oft nur im Schrittempo vorankamen. Die schmale Landstraße war verstopft von Fußgängern, deren schwere Lasten von langen Tragestöcken auf ihren Schultern baumelten. Verstopft auch von Fahrrädern, oft nur geschoben und über und über beladen. Riesige Korbballen verlangten den Fahrern Balanceakte ab, ganze Möbelstücke und Schränke waren auf manchem Drahtesel vertäut. Echte Verkehrshindernisse also, um die unser Bus jeweils einen großen Bogen machen mußte, wobei so mancher entgegenkommende Radler in den Straßengraben abgedrängt wurde!

Zur weiteren Behinderung des Verkehrs – und zur Unterhaltung der Reisenden – tragen die Ochsen- und Eselskarren auf dem Lande bei. Je nach Region werden auch Wasserbüffel oder Schafherden die Straße entlang getrieben. Gelegentlich kreuzen entlaufene Hühner unseren Weg. Man braucht sich auch nicht zu wundern, wenn man in den Einöden des »Wilden Westens« von China plötzlich Kamele vor sich sieht – es sind Trampeltiere, die dem Wüstenklima optimal angepaßt sind und daher von den Einheimischen als Reit- und Zugtiere gehalten werden. Das zeigt, daß die Straße bei all diesem Durcheinander nicht der bequemste, sicherste und schnellste Verkehrsweg in China ist. Oft ist sie aber der einzige!

Überlandbusse versagen schon einmal ihren Dienst. Dann wird auf freier Strecke ein Reifen gewechselt, ganze Motoren werden zerlegt. In entlegenen Gebieten können Pisten vom Regen weggeschwemmt oder durch Erdrutsch für Stunden oder Tage blockiert werden. Wartezeiten und Umwege sind dann unvermeidlich!

Geduld und Optimismus ist daher angebracht! Trotzdem oder gerade deshalb gehören Busreisen zu einer Chinafahrt einfach dazu – schon wegen der vielfältigen Erlebnisse und Begegnungen auf Chinas Straßen.

Eine chinesische Flußfahrt

Spät am Abend brechen wir auf. Die Schiffsglocke ertönt, die Leinen werden losgemacht und schon bald gleitet der Flußdampfer aus der hellerleuchteten Stadt Nanning hinaus.

Etwas altersschwach sieht das Schiff schon aus, doch es stampft wacker durch die braunen Fluten des Yongjang. Über dem tiefliegenden und sehr flachen Schiffsrumpf, in dessen Innerem die Motoren dröhnen, erhebt sich ein hoher Aufbau mit den Kabinen der Besatzung und zwei großen Schlafsälen für die Passagiere. Dicht übereinanderliegende Fensterreihen zeigen nach außen hin die Lage der offenen Schlafpritschen an. Im Heck des Dampfers sind Toiletten und Waschräume untergebracht, gleich daneben die Schiffsküche mit mächtigen Kesseln und Pfannen, in denen das Mahl für die Passagiere zubereitet wird.

Meine Mitreisenden sind ausschließlich Chinesen. Auch sie haben die gemächliche Flußfahrt von Nanning über Wuzhou nach Guangzhou der anstrengenden Busreise oder dem teureren Flug vorgezogen.

Die meisten von ihnen liegen oder hocken auf ihren Holzpritschen, lesen, spielen Schach oder unterhalten sich angeregt mit ihren Nachbarn. Frauen stricken oder waschen Wäsche, andere erfrischen sich in der Schiffsdusche.

Dreimal täglich wird den Reisenden eine warme Mahlzeit direkt ans Bett serviert. Ein Schälchen Reis, ein Tellerchen mit Fleisch und Gemüse, eine kräftige Suppe. Flaschen mit Reisschnaps kreisen – man genießt die Geselligkeit und den einfachen Komfort dieser Reise.

Schnell bekomme auch ich Kontakt zu den freundlichen und neugierigen Mitreisenden, die so viele Fragen haben an den Touristen aus dem fernen Deutschland. Auch die Besatzung hat mich als einzigen Ausländer gleich am ersten Abend »adoptiert«, und ich verbringe viele Stunden in der Runde der Schiffsleute. Leider spricht auch hier niemand Englisch und meine

Die mehrtägige Flußfahrt von Nanning nach Guangzhou ist ein geruhsames Erlebnis und bietet Kontaktmöglichkeiten zu den chinesischen Mitreisenden.

chinesischen Sprachkenntnisse reichen nicht aus, um all ihre Fragen zu beantworten.

So setze ich mich gelegentlich an Deck und beobachte die vorüberziehende Flußlandschaft. Das hügelige Ufer ist von Bambushainen und von Palmen bewachsen; flache Sandbänke werden unterbrochen von bizarren Einzelfelsen.

Auf den braunen Wassern des Flusses herrscht reger Betrieb: Lastkähne und elegant geformte Dschunken kommen uns entgegen, begrüßt vom tiefen Dröhnen des Schiffshorns. Geschlossene Hausboote liegen am Ufer in kleinen Gruppen vor Anker. Gelegentlich müssen wir Schiffswracks und alte Kähne umfahren, die an seichten Stellen aufgelaufen sind.

Abwechslung gibt es immer wieder, wenn wir bei einem der kleinen Städtchen anlegen, die sich an den Ufern entlangziehen. Glockenläuten, Motorendröhnen, Wende- und Anlegemanöver. Einige der Mitreisenden verlassen das Schiff, neue Passagiere mit großen Gepäckbündeln kommen an Bord.

Längeren Aufenthalt haben wir am zweiten Reisetag in Wuzhou. Für ein paar Stunden gehe ich von Bord und sehe mir die Stadt am

Zusammenfluß von Perlfluß und Li-Fluß näher an. Besonders in Erinnerung bleiben mir die lebendigen Straßenmärkte mit ihrem reichen Warenangebot und die Straßenzüge der Altstadt mit dem eigenartigen Charme verwitternder Fassaden.

Nach einer weiteren Nachtfahrt auf dem Fluß erreichen wir am dritten Reisetag unser Fahrtziel Guangzhou. Um fünf Uhr in der Frühe legt unser Flußdampfer an. Schlaftrunken betrete ich den Uferkai, gespannt auf diese neue Station meiner Reise.

Guangzhou – Die Stadt m Perlfluß

»Das Tor zum Reich der Mitte«, »Die Schwester von Hongkong« – Guangzhou kennt viele Namen. Im Ausland ist die Stadt als Kanton bekannt. Großzügig und weitläufig am Perlfluß gelegen, ist sie die wohl westlichste und fortschrittlichste Stadt in China, bekannt für ihre Messen, dem Handel mit aller Welt schon seit langem geöffnet.

Dem Besucher fallen sofort die modernen Geschäfts- und Hotelbauten der Stadt auf sowie der dichte Autoverkehr, wie man ihn sonst noch kaum in China findet. In allen Teilen der Stadt sind neue Hochhäuser im Bau, Gemeinschaftsunternehmungen und die Beteiligung von ausländischem Kapital beschleunigen die Entwicklung und verändern das Gesicht von Kanton sehr schnell.

Aber auch prächtige Stadthäuser der Vorkriegszeit und winklige chinesische Gassen aus dem vergangenen Jahrhundert finden sich noch in Guangzhou. Sie sind angefüllt von lebhaftem Fußgängerverkehr, von Rikschas und Fahrrädern.

Rückgrat und Wahrzeichen der Stadt ist der Perlfluß mit seinem ständigen Kommen und Gehen der Dschunken, Fähren und Lastkähne, mit dem Dröhnen der Schiffshörner im Morgendunst, mit tausend Uferlichtern in der Nacht.

Südchinesische Atmosphäre, Vielfalt und hektisches Gedränge bestimmen das Straßenleben. Nie werde ich die Straßenmärkte vergessen mit ihrer unbeschreiblichen Vielfalt an tropischen Früchten, duftenden Gewürzen und fremdländischen Heilkräutern. Hier finden sich die Zutaten der Kanton-Küche, berühmt in aller Welt.

Alle nur erdenklichen Tierarten werden zum Kauf und zum Verzehr angeboten: Fische, Krebse, Kröten und Schlangen winden sich in engen Bottichen. Geschlachtete Hunde bieten einen uns ungewohnten, grausigen Anblick. Auf dem Markt für lebende Tiere finde ich Affen, Antilopen und Wildkatzen in winzigen Käfigen. Tafelfertig zubereitet werden sie von den unzähligen Restaurants der Stadt als Delikatesse angeboten!

Wie bunt ist das Straßenleben, die Vielfalt der Gesichter hier im tropischen Süden, verglichen mit der Stille der Straßen und der Uniformität der Menschen im Norden Chinas! Alte Menschen mit zerfurchten Gesichtern und gebücktem Gang begegnen mir in traditioneller Kleidung, junge Menschen dagegen kleiden sich oft schon nach der neuesten Mode des kapitalistischen Westens. Auch ausländische

Malerische alte Stadthäuser finden sich in der Innenstadt von Guangzhou – wie hier im Norden der Shamian-Insel.

In den kleinen Gassen der südchinesischen Altstädte findet das Leben noch weitgehend im Freien statt: Kinder spielen zwischen geparkten Fahrrädern, Nachbarn treffen sich zum Schwatz.

Untere Reihe (v. links n. rechts):
Frischer Fisch vom Qingping-Markt in Guangzhou! Hier wird alles verwertet: Köpfe, Flossen und Körper werden fein säuberlich getrennt zum Kauf angeboten.

Hundefleisch ist eine Delikatesse im Süden Chinas. Uns Europäer schockiert der Anblick der toten Tiere auf dem Markt, die bei lebendigem Leib in kochendes Wasser geworfen wurden.

Ein Schlangengericht ist nur zu empfehlen! Geschickt trennt der Markthändler das wohlschmeckende Muskelfleisch von Haut und Knochen.

Den »Tempel der sechs Banjan-Bäume« in Guangzhou überragt eine fast 60 Meter hohe Pagode. Von ihrer Höhe genieße ich einen prächtigen Blick über die geschäftige Stadt.

Wasserbüffel ziehen den großen Pflug über die Reisfelder im Süden Chinas – heute wie vor Jahrhunderten.

Rhythmen sind bei der Jugend beliebt. Junge Liebespaare zeigen ihre Zuneigung heute in aller Öffentlichkeit, was bis vor kurzem undenkbar gewesen wäre in China.

Geschäftige Hauptstraßen, enge Gassen mit bunten Märkten, hastig errichtete Neubaukomplexe – dies ist ein Gesicht der Großstadt Guangzhou. Ihr anderes Gesicht zeigt sich in den zahlreichen weitläufigen Parkanlagen und in der Ruhe der Tempel der Stadt.

Weite Ausblicke genieße ich von den Höhen des Yuexiu-Parkes; wie eine Oase empfinde ich die stillen Seen des Liuhua-Parkes. Die starke Bindung an alte Traditionen wird in der Ruhe des majestätischen Guangxiao-Tempels spürbar, beim Anblick der wuchtigen Gedenkhalle für Sun Yat Sen, aber auch beim Aufstieg auf die 1400 Jahre alte Pagode des Liurong-Tempels, des »Tempels der sechs Banyanbäume«.

Auch die Shamian-Insel am Perlfluß wirkt wie eine Oase der Ruhe, umgeben von Kanälen, frei von Autoverkehr und geprägt von prächtigen alten Wohnbauten zwischen weiten Grünanlagen.

Guangzhou – Faszination durch Vielfalt und Kontrast. Die Geschichte Chinas liegt hier dicht nebeneinander: klassische Bauten der Tempel, Gassen und Märkte des alten China, aber auch kolonialzeitlich beeinflußte Prachtbauten und das moderne Bauen des Neuen China nach der Öffnung. Vieles vom Eigencharakter der ruhigen und traditionsverbundenen Städte Nordchinas fehlt hier; es wird aber wettgemacht durch die Buntheit und Vielfalt des südchinesischen Lebens.

Der Osten

Menschen im Zug

Schon Tage zuvor hatten die Menschen stundenlang Schlange gestanden, um eine der begehrten Fahrkarten für den stets ausgebuchten Zug zu ergattern. Sie hatten sich mit mürrischen Bahnbeamten gestritten und hatten ihren Warteplatz in der Reihe gegen Drängler verteidigen müssen.

Nun herrscht Hektik und aufgeregtes Gedränge in der Wartehalle und draußen auf dem Bahnsteig. Viel zuviele Menschen mit viel zuviel Gepäck besteigen den Fernzug nach Peking. Jeder möchte der Erste sein. Energisches Bahnpersonal versucht Ordnung zu schaffen, drängt die Reisenden mit Zurufen in Zweierreihen, kontrolliert die Fahrkarten am Zugeinstieg. Andere Bahnbedienstete schieben Verkaufskarren durch die Menschenmassen, bieten Reiseproviant und Getränke an.

Die Mehrzahl der Reisenden steigt in die Wagen der vierten Klasse ein, der Hartsitz-Klasse. Längst nicht alle finden Platz auf den dünn gepolsterten Bänken, viele stehen schon im Gang oder haben sich auf ihren Gepäckstükken niedergelassen. Angenehmer ist die Reise in der dritten Klasse, wo sich jeder der Reisenden auf einer eigenen Schlafpritsche ausstrekken kann. Hier sind die etwas besser Gestellten unterwegs, oft Dienstreisende oder Geschäftsleute. Gesellschaftliche Unterschiede gibt es in China durchaus! Das wird besonders deutlich in der ersten und der zweiten Klasse: Neben einigen wenigen ausländischen Touristen sind hier Kader und hochgestellte Funktionäre anzutreffen. Die Wagen mit den dickgepolsterten Sesseln und den blitzsauberen weißen Spitzendeckchen sind nur schwach besetzt.

Die Reisenden haben sich auf eine lange Fahrt eingerichtet: Handtücher werden über den Fenstern aufgehängt, Teetassen und Reiseproviant werden ausgepackt. Mütter wikkeln ihre Kinder, manche Reisenden sind schon ins Schach- oder Kartenspiel vertieft.

Zu den schrillen Tönen einer chinesischen Oper aus dem Zuglautsprecher und zu den begrüßenden Worten einer Ansagerin setzt sich der Zug in Bewegung. Überall in den Wagen herrscht sofort angeregte Unterhaltung. Gespräche. Lachen. Die Reisenden kommen sich schnell näher und auch an den fremden und neugierig beobachteten Touristen werden viele Fragen gestellt. Die Erwachsenen vertreiben den Kindern auch ihrer Mitreisenden die Zeit mit kleinen Spielen; man bietet sich gegenseitig vom mitgebrachten Proviant an.

Chinesen sind recht gesellige und gesprächsfreudige Menschen. Gelegentlich werden jedoch, gerade in der ermüdenden Enge der vierten Klasse, auch laute Worte hörbar. Wegen geringster Kleinigkeiten geraten einzelne Aufbrauser in wortreichen Streit, an dem dann gleich der ganze Wagen neugierig teilnimmt. Das Gezeter nimmt erst ein Ende, wenn die energischen jungen Frauen vom Bahnpersonal eingreifen.

Diese uniformierten Zugbegleiter sind die ganze Fahrt über allgegenwärtig und geschäftig. Regelmäßig fegen und wischen sie die Wagen aus, um die von den Reisenden reichlich verstreuten Nußschalen und sonstigen Abfälle

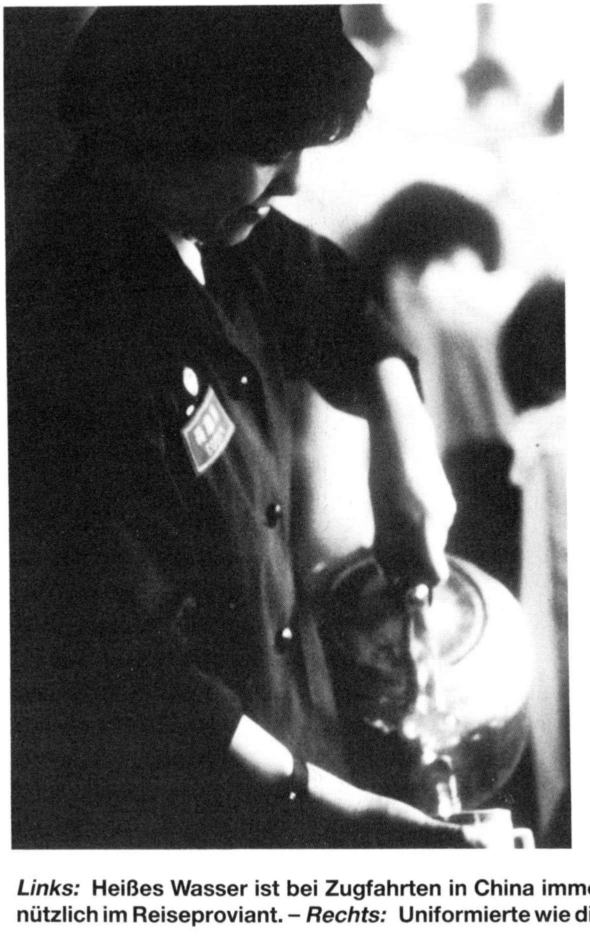

Links: **Heißes Wasser ist bei Zugfahrten in China immer erhältlich. Tee und Trockensuppen sind daher sehr nützlich im Reiseproviant. –** ***Rechts:*** **Uniformierte wie diese Bahnmilizionäre gehören in China zum Alltagsbild.**

zu beseitigen. Oftmals gehen sie durch die Wagen, um heißes Teewasser auszuschenken. Bei jedem Zughalt müssen sie den Ausgang des Wagens, für den sie verantwortlich sind, überwachen. Zwei- oder dreimal täglich gehen ihre Kollegen vom Speisewagen durch den Zug und verteilen einfache Mahlzeiten in Pappschachteln. Darin findet sich zumeist eine große Portion Reis, garniert mit einigen Gemüse- und Fleischstückchen. Für mich bietet sich dann jedesmal wieder Gelegenheit, die gewöhnungsbedürftigen Eßmanieren der Chinesen zu erleben; Schmatzen, Schlürfen und auch Ausspucken gilt nicht als unfein und beim emsigen Schaufeln mit den hölzernen Eßstäbchen fällt auch so mancher Brocken daneben! Aber bald darauf wird der ganze Wagen ja wieder gereinigt!

Nach langer Reise sind uns die Gesichter um uns schon recht vertraut. Viele von ihnen sind beruflich unterwegs, einige nutzen auch die wenigen Urlaubstage des Jahres, um ihre fern lebende Familie zu besuchen. Am frühen Morgen und am Abend kommen die Pendler hinzu, die uns nur für ein oder zwei Stationen auf dem Weg zur Arbeit Gesellschaft leisten.

Fast dreißig Stunden sind wir nun schon unterwegs. Die lange Fahrt ist recht anstrengend. Aber sie bietet gute Gelegenheit, nicht nur das Land, sondern auch die Leute zu erleben – hautnah! Draußen ziehen Reisfelder, Berge und Ebenen, Bauerndörfer und Städte vorbei, drinnen im Wagen haben wir reichlich Kontakt zu unseren freundlichen und bisweilen auch recht neugierigen Mitreisenden. Zurückgezogenheit oder Ungestörtheit gibt es nicht mitten im überfüllten Waggon. Und die Eigenheiten der Chinesen müssen wir respektieren, gerade auch sie sind die Erfahrung, das Erlebnis dieser Zugreise.

Nach zwei Tagen und Nächten ist unser Fahrtziel erreicht. Diesmal hatten wir das Glück, eine Fahrkarte für den Hartbett-Schlafwagen der dritten Klasse zu ergattern und steigen recht frisch aus dem Zug. Auf dem Bahnsteig treffen wir zwei Touristen, die die Fahrt im Hartsitz der vierten Klasse verbringen mußten und kaum Schlaf fanden im Gedränge. Ihren Gesichtern sehe ich die Erschöpfung nach der Reise an.

Gemeinsam reihen wir uns ein in den Strom der bündelbepackten Chinesen, warten im Gedränge auf den Durchlaß durch die engen Bahnsteigschranken, an denen mürrisch dreinblickende Kontrolleure noch einmal unsere Fahrkarten prüfen.

In den Gärten von Suzhou

Das reiche Erbe und die alte Tradition chinesischer Gartenbaukunst, der Verbindung von Naturform und vielschichtiger Philosophie, läßt sich heute wohl nirgends so lebendig erfahren wie in den berühmten Anlagen der traditionsreichen Städte um Shanghai. An einem Morgen im Januar fuhr ich nach Suzhou, der alten Reichshauptstadt im Mittelalter.

Natürlich gibt es heute auch hier Industrieanlagen und moderne Wohnquartiere wie in jeder der Städte im dichtbevölkerten Osten Chinas. Doch weite Teile der alten erhaltenen Kernstadt versetzen mich fast in das Mittelalter zurück. Traditionelle, niedrige Altstadthäuser stehen entlang stiller Kanäle, buddhistische Tempel und feingliedrige Pagoden erinnern an die alte Religion im Reich der Mitte. Durch die engen Gassen drängt sich ein dichter Strom der Fußgänger und Fahrradfahrer.

Mein wahres Ziel in dieser Stadt jedoch sind ihre Gartenanlagen – liebevoll angelegte Parks der Herrscher aus der Feudalzeit, heute zugänglich für jeden aus dem Volke.

Schon die Namen der Gärten regen die Phantasie eines jeden Besuchers an: Garten des Verweilens, Garten des bescheidenen Verwalters, Garten des Herrn der Netze. Pavillon der wogenden Brandung.

Zwischen dem 12. und dem 18. Jahrhundert errichtet, zeigen diese Gärten trotz einzelner Veränderungen noch heute das hohe Niveau, das chinesische Baumeister und Gärtner erreicht hatten bei der Verbindung künstlicher Bauwerke und Pavillons mit den Elementen der freien Natur. Wohlabgewogen wurde die Wirkung und Perspektive der Gesamtanlagen und ihrer Details geplant – der Bauten, des Wassers, der Felselemente, der Höhe und Tiefe, der Weite und Nähe.

Ich finde hier Ruhe und Ausgewogenheit, gleichzeitig aber auch Vielfalt und Kontrast.

Gerade in Suzhou gibt es zahlreiche Gärten von hervorragender Schönheit. Am meisten haben mich der »Garten des bescheidenen Verwalters«, der Zhou Zheng Yuan, und der »Garten des Herrn der Netze« beeindruckt.

Der Name Zhou Zheng Yuan spielt in ironischer Weise auf seinen Erbauer aus dem 16. Jahrhundert an, der fast zwei Jahrzehnte lang das Volk auspreßte, um sein aufwendiges Leben zu finanzieren.

Ich betrete den Garten durch einen massiven Torbau, hinter dem sich eine weitläufige Grünfläche mit einem gemütlichen Teehaus erstreckt. Hier setze ich mich zu den Chinesen, die bei einem heißen »Cai« und allerlei Zuckerwerk Rast machen.

Doch schon bald treibt mich die Neugier, durch den runden Tordurchlaß in der nahen Umfassungsmauer den inneren Garten zu betreten. Vor mir liegt eine sorgfältig gestaltete Gartenlandschaft um einen frei geformten künstlichen See mit kleinen Inseln, die durch Zick-Zack-Brücken verbunden werden und prächtige Pavillons tragen. Beim Eintritt in den Garten habe ich einen weiten Überblick über die Gesamtanlage. Ich sehe Naturformen – Bäume, Felsen und weiche Uferböschungen; gleichzeitig Elemente baukünstlerischer Gestaltung – steinerne Bogen- und Zick-Zack-Brücken –, filigrane Holzpavillons, Mauerverbindungen mit unterschiedlich geformten Blickdurchbrüchen. Ich spaziere ein Stück am Seeufer entlang. Die Zweige alter Bäume reichen bis an das Wasser herab, die Uferböschung wird von einzelnen Felsgruppen unterbrochen. Bunte Zierenten ziehen auf dem Wasser ihre Kreise.

Eine Brücke mit filigranem, steinernem Geländer teilt von der Weite des Sees einen kleinen Seitenarm ab, den eine Arkadenmauer umfaßt. Ich überquere den Steg und erreiche auf der kleinen Insel einen zierlichen Holzbau mit elegant geschwungenem Ziegeldach. In seinem Inneren finde ich kostbares antikes Mobiliar. Die Außenwände des Pavillons sind in kleinteiliger Holzkonstruktion gänzlich aufgelöst und verglast. Sie geben einen wunderschönen Rundblick frei auf die Umgebung – eine weitere Perspektive dieses Parkes. Durch einen Pavillon, dessen Wände stärker abgeschlossen sind und der weit in den See hinausgebaut ist, gelange ich zu einem schattigen Weg, der um einen stillen Seitenarm des Sees führt. In der Überschaubarkeit in diesem Teil des Gartens nehme ich die Details noch bewußter wahr. Etwa die Übergänge vom Wasser zum Land: Da gibt es weiche, natürlich geformte Uferböschungen, dann den hart gepflasterten, geradlinigen Uferweg, dazwischen Unterbrechungen durch bizarre Felsgruppen.

Vorbei an duftenden Blütenbüschen führt der Pfad zurück an die Hauptwasserfläche – Rückblick auf die Pavillonbauten und den stillen Seitenarm, gleichzeitig wieder Gesamtüberblick über den gesamten Garten, eingeengt nur durch einen künstlichen Hügel vor mir. Ich besteige die kleine Anhöhe über einen gewundenen Pfad. Hier oben entdecke ich in einem kleinen Rundpavillon kunstvolle Wandtafeln mit Malereien und Kalligraphie. Die mit kräftigem Pinselstrich geschriebenen Texte beschreiben den Park und seine Orte.

Von der Höhe blicke ich nochmals herab auf die Gartenanlage – neue Perspektive in einer ganzen Reihe unterschiedlicher Situationen und sorgfältig arrangierter Ausblicke.

In freiem Schwung führt der Pfad den Hang hinunter, überquert eine Brücke, folgt einer regelmäßigen und geradlinigen Arkadenmauer am Wasser. Ich bin wieder am Rund des Eingangstores angelangt. Mit tiefen Eindrücken verlasse ich den Garten.

Durch belebte Altstadtgassen mit niedriger, zusammenhängender Bebauung, vorbei an stillen Kanälen und Weidenbäumen, erreiche ich nach einigen Irrwegen den versteckt gelegenen Garten des Herrn der Netze. Mit nur einem halben Hektar Größe ist die Anlage aus dem 12. Jahrhundert ein wahres Kleinod unter den Gärten von Suzhou. Durch einen Torbau, einen engen Vorhof und das Wohngebäude mit wertvollen alten Möbeln gelange ich in den Garten.

Wieder bildet eine Wasserfläche den Mittelpunkt, jedoch von viel kleinerer Dimension als im Zhou Zheng Yuan und allseits umbaut mit Begrenzungsmauern und Pavillons. Der Außenraum ist konzentriert, scheinbar leicht zu überschauen und in seiner Ganzheit zu erfassen. Und doch bietet gerade hier die Vielfalt der Details immer neue Entdeckungen und reiches Erlebnis. Der kleine Rundweg um den See birgt die unterschiedlichsten Perspektiven und räumlichen Erlebnisse. Ein Gebäude steht einzeln und frontal zum Wasser, ein anderes faßt den Garten im Eckwinkel; eine offene Halle verbirgt sich hinter einem Pavillon, dessen Fassaden in Glas aufgelöst erscheinen. Streng gefaßte Uferwege mit geradlinier Begrenzung stehen in Kontrast zu weicher Uferböschung, zu unregelmäßigen Felsgruppen, zu einer kleinen Bogenbrücke. Die duftenden Blüten der Sträucher, die Details der zierlichen Holzbauten und die Gemälde in der Ausstellungshalle bieten Erlebnis und Genuß.

Die Gärten von Suzhou, auch die von Hangzhou und Wuxi, auch der berühmte Yu Yuan in Shanghai mit seinen Lotosteichen – sie alle lassen mich chinesische Naturliebe und künstlerische Kultur gleichermaßen erleben. Sie lassen mich chinesische Weisheit und Philosophie erahnen in ihrer Ausgewogenheit von Einheit und Vielfalt, von Harmonie und Kontrast.

Gläubige entzünden Räucherstäbchen und bringen Opfer in einem Tempel.

Unter den zahlreichen klassischen Bauten von Suzhou ragt diese Pagode heraus, von der man einen weiten Rundblick über die Stadt hat.

Alte Menschen in China

Vieles haben sie durchlebt, die unterschiedlichsten Wendungen in der Entwicklung ihres Landes haben sie erfahren, die 60-, 70- und 80-Jährigen in China. In ihrer Jugend erfuhren sie innerpolitische Unruhen und Gewaltherrschaft sowie die japanische Invasion. Beim Aufbau einer eigenen Existenz oder schon in der Mitte ihres Lebens veränderte die kommunistische Revolution einschneidend die Bedingungen und den Alltag in China. Gut zwei Jahrzehnte später traf die »Kulturrevolution« das Land – Intellektuelle wurden verfolgt und verbrachten Jahre der Zwangsarbeit; Freunde und Weggenossen kamen in den Wirren der Zeit um. Erst Jahre später wurden die Überlebenden rehabilitiert.

Heute erleben die Alten in China eine plötzliche Liberalisierung und die Öffnung zum Westen. Sie begegnen immer mehr Fremden in ihrem Land und werden mit neuen Lebensformen aus der westlichen Welt konfrontiert. Welch wechselhafte Erfahrungen!

Früh am Morgen schon begegnen mir betagte Frauen und Männer in den Parks der großen Städte beim Tai Chi. Erstaunlich gelenkig führen sie die harmonischen Bewegungsübungen des Schattenboxens aus. Gelegentlich helfen sie sich dabei auch gegenseitig. Harmonisch, fast wie im Tanz wirken dann ihre Bewegungen, die Berührung ihrer Hände. Zumeist aber bewegen sie sich alleine wie zu einer unhörbaren Melodie, den Blick konzentriert in die Ferne gerichtet, mit schwingenden und kreisenden Bewegungen, mal lange auf einem Bein balancierend, mal in tief gebückter Haltung ruhend.

Ihr weiterer Tageslauf kennt keine Langeweile. Alte Menschen in China übernehmen vielfältige Aufgaben im Alltagsleben. In der Regel sind sie – auch in der Stadt – fest in die Familie eingebunden. Schon aus Wohnraummangel wohnen oft drei Generationen unter einem Dach. Da Vater und Mutter zumeist beide berufstätig sind, kümmern sich die Großeltern um den Haushalt und die Enkel. So sieht man sie im Markt um Lebensmittel feilschen, ein Schwätzchen halten und schließlich mit schlurfendem Schritt das Erstandene nachhause tragen. Gerade die Großmütter sorgen sich um die Enkel. Die Kleinkinder tragen sie im Tuch auf dem Rücken, das Spiel der Älteren beobachten sie von ihrem Stühlchen vor der Haustür. Ihrem zufriedenen Lächeln sehe ich an, welche Freude sie an dieser Aufgabe haben.

Nicht nur ihre Lebenserfahrung, sondern auch ihre tägliche Leistung und Mithilfe verschafft den Alten in China Anerkennung, ja Autorität in der Familie. Auf dem Lande nehmen sie bis ins hohe Alter an der Feldarbeit teil und geben ihre Erfahrung an die Jüngeren weiter. In der Stadt werden sie oft noch zu kleinen Ordnungsdiensten herangezogen, die sie mit großer Ernsthaftigkeit verrichten: Mit roter Armbinde helfen sie, den Verkehr zu regeln, Ordnung in Warteschlangen zu bringen, Parkanlagen zu beaufsichtigen oder Eintrittskarten zu kontrollieren.

In ihrer freien Zeit sieht man sie nebeneinander in den Wohnstraßen auf winzigen Bambusstühlchen sitzen. Sie plauschen mit der Nachbarin oder betrachten das Geschehen auf der Straße. Die alten Männer zieht es dann ins Teehaus. Stundenlang sitzen sie hier beim Majong beieinander, bei Schach oder beim Kartenspiel. Sie lauschen dem Geschichtenerzähler oder betrachten mit gespannter Miene die Aufführung einer chinesischen Oper, die altüberlieferte Geschichten vom Kampf zwischen Gut und Böse erzählt. Traditionelle Oper und Tai Chi, auch die Kunst der Kalligraphie, der

Für einen Plausch mit Nachbarinnen ist immer Zeit. Mütter und Großmütter kümmern sich liebevoll um die Kinder.

Schriftgestaltung, sind heute noch feste Bestandteile chinesischer Kultur, die ihr Überleben vielleicht nur noch der aktiven Teilnahme der alten Menschen verdanken.

Mich haben die Alten in diesem Lande stark beeindruckt. An ihren zerfurchten Gesichtern, an der Schmucklosigkeit und Uniformität ihrer Kleidung konnte ich die Härten ihres Lebens ablesen. In ihrer würdigen Haltung, in geduldigen Mienen und gütigem Lächeln ist mir ihre lebendige Weisheit und Ausgeglichenheit spürbar geworden.

Noch droht den alten Menschen in China nicht die Vereinsamung, noch stehen sie nicht auf dem »Abstellgleis« wie viele ihrer Altersgenossen in westlichen Ländern. Noch müssen sie ihr Dasein nicht als Bettler fristen, wie manche Alten in anderen Ländern Asiens, sondern sind anerkannte und geehrte Mitglieder in Gesellschaft und Familie.

Shanghai – Stadt über dem Wasser

Shanghai ist das wirtschaftliche Zentrum Chinas. Auch für das politische Geschehen im Lande war die Stadt, die noch in den 20er Jahren den Metropolen des Westens in nichts nachstand, bedeutungsvoll. So war hier das Zentrum der »Kulturrevolution« und neben Peking der Sitz der »Viererbande«.

Kurz vor meiner Ausreise aus China bekam ich das Gefühl, das Land nicht richtig gesehen zu haben, ohne nicht auch in Shanghai gewesen zu sein. Kurzentschlossen buchte ich in Guangzhou den Flug, am nächsten Tag brachte mich die Abendmaschine nach Shanghai.

Schon bei der ersten Fahrt durch die Stadt im Flughafenbus fällt mir die Ruhe und Leere in den abendlichen Straßen auf. Die bunten Farben und grellen Leuchtreklamen des südlicheren Guangzhou fehlen hier. Ich fühle mich an Peking erinnert.

Der ältere Chinese neben mir, der mit dem gleichen Flugzeug ankam wie ich, scheint meine Gedanken zu erraten. In gutem Englisch erklärt er mir, daß Shanghai zwar wirtschaftliches Zentrum des Landes sei, daß die Menschen hier jedoch weniger Geld verdienen als in Guangzhou und daher auch die Abende daheim verbringen im Kreise ihrer Familie. Die Strukturen seien hier noch konservativer als in der Nachbarstadt von Hongkong, die sich schon stärker den Anfängen der Privatwirtschaft geöffnet habe.

Spät am Abend erreiche ich das Pujang Hotel. Der alte Bau läßt die Pracht vergangener Tage noch erahnen. Müde falle ich in mein Bett im gemütlichen kleinen Schlafsaal. Beim Einschlafen höre ich die Hörner und Hupen der Schiffe auf dem Huangpo, deren unzählige Lichter ich schon vom Bus aus bestaunt hatte.

Am nächsten Morgen führt mich mein erster Weg zum »Bund«. Die großzügige, baumgesäumte Straße direkt am Huangpo war früher die »Wallstreet« von Shanghai. Die hohen Fassaden der alten Bank- und Hotelgebäude sind noch heute eindrucksvoll. Frühmorgens sehe ich Hunderte alter Menschen, die hier am Fluß die harmonischen Bewegungsübungen des Schattenboxens, des Tai-Chi, praktizieren und sich dadurch elastisch halten. Ich verweile kurz an der Ufermauer und schaue herab auf das Kommen und Gehen im Flußhafen. Kleine Schlepper ziehen schwerbeladene Kähne hinter sich her, Fährdampfer kommen mit Passagieren aus anderen Hafenstädten des Landes an.

In den nahen Hauptgeschäftsstraßen des Zentrums drängen sich dichte Menschenmassen. Ich entdecke viel Sehenswertes beim Bummel durch die Geschäfte: Schön gearbeitete chinesische Musikinstrumente, kostbare Kalligraphien, feine Handarbeiten aus dem ganzen Lande.

Im Haus Nr. 800 der Nanjing Lu finde ich das bis vor kurzem größte Kaufhaus des Landes. Der große Bau ist überfüllt von Kauflustigen. Ein nicht endender Menschenstrom zieht die engen Treppen hinauf, drängt zwischen den unübersichtlich angeordneten Verkaufsständen hindurch. Große rote Stofftransparente hängen unter den hohen Decken und tragen in gelben Lettern moralisierende Appelle. Ein Angestellter fragt mich in gebrochenem Englisch, ob er mich zur besseren Erledigung meiner Einkäufe durch das Haus führen dürfe. Ich lehne dankend ab und erkläre ihm, daß ich mir das große Kaufhaus und sein Warenangebot nur ansehen möchte. Er nickte verständnisvoll und verabschiedet sich freundlich.

Vom Bummeln ermüdet, setze ich mich in einem der nahen Kaffeehäuser nieder. Am Ange-

Altchinesische Dschunke im Hafen von Shanghai.

bot der Backwaren, an Sahnetorten und Heißer Schokolade erkennt man noch, daß viele dieser Cafes einst unter deutscher Leitung geführt wurden. Ich treffe hier zahlreiche Studenten mit recht guten Englischkenntnissen, die sich eifrig darum bemühen, mit Touristen ins Gespräch zu kommen. Besonders beeindruckt mich die Begegnung mit einem jungen, hageren Mann in abgewetzter Kleidung. Er spricht mich in recht gutem Deutsch an. Er erklärt mir, daß er als Sohn einer sogenannten Intellektuellenfamilie noch heute nur als Straßenkehrer ohne jede Aufstiegschance arbeiten darf. Nebenher lernt er Sprachen. Nach Englisch und Französisch nun auch Deutsch. Er bringt es sich selber bei, indem er jeden Tag unter anderem eine Seite aus einem alten Wörterbuch auswendig lernt. Seine größte Freude sind Diskussionen mit Ausländern, seine größte Hoffnung ist es, irgendwann einmal das Land verlassen zu dürfen. Er wirkt müde und abgehetzt, jedoch voller Energie und Wißbegierde. Die Schilderung seines Lebens deprimiert mich. Sie läßt den Verdacht aufkommen, daß es im sozialistischen China durchaus Klassenunterschiede gibt und Menschen, denen Entwicklungschancen bewußt verwehrt werden.

Südlich des Geschäftszentrums von Shang-

Der »Bund« in Shanghai, noch heute prächtige Uferstraße am Huangpo, ist mit seinen historisierenden Bank- und Hotelbauten die einstige »Wall-Street« von China.

Ein Straßenfriseur bietet seine Dienste unter freiem Himmel in der Altstadt von Shanghai an.

In den Wohnquartieren der Städte sieht man alte Menschen, die auf kleinen Schemeln vor der Haustür sitzen, das Straßenleben betrachten, miteinander plaudern oder ihre Enkel hüten.

hai liegt die Altstadt mit traditionellen zweigeschossigen Holzhäusern und buntem Leben in den engen Gassen. Wäsche ist zum Trocknen von Haus zu Haus gespannt. Ein Friseur bedient seine Kundschaft auf dem Gehsteig unter freiem Himmel. Alte Frauen hocken auf Schemelchen vor dem Haus, plauschen miteinander oder hüten ihre Enkel.

Mitten in der Altstadt entdecke ich das berühmte Wu Xin Ting Teehaus. Es ist inmitten eines künstlichen Teiches errichtet, zugänglich nur über eigenartige Zick-Zack-Brücken. Mit seinen Dachabtreppungen, den zahlreichen Vorsprüngen und Vorbauten wirkt der alte Holzbau sehr eindrucksvoll. Im Inneren herrscht reges Kommen und Gehen. Man trifft sich beim Tee, spielt Schach, liest Zeitung. Gleich nebenan liegt der Yu-Garten, ein wunderschönes Beispiel für die prächtigen traditionellen Gartenanlagen, die in diesem Teil Chinas noch erhalten sind und gepflegt werden. Beim Rundgang durch die Anlage bestaune ich die über 30 kunstvollen Pavillons, die hier zwischen Lotosteichen, künstlichen Hügeln und geschwungenen Pfaden liegen. Auf niedrigen Steinsockeln sind die Holzbauten errichtet mit mächtigen, rotbraun lackierten Tragpfeilern, fein geschnitzten und zu Gittern aufgelösten Wandelementen und den typischen geschwungenen Stufendächern. Die künstlich aufgebauten Felsgruppen, die Wasserflächen und die Ziermauern, die die Wege begleiten, geben dem Garten eine romantische Atmosphäre, die viele einheimische Besucher mit ihren Familien anzieht. Ich beobachte die Chinesen, wie sie sich gegenseitig immer wieder an den schönsten Plätzen fotografieren. Ich sehe Väter, die ihre Kinder an der Hand führen und ihnen liebevoll all die Schätze des Gartens zeigen.

Noch an zahlreichen anderen Orten haben sich Bauten des alten Shanghai inmitten der geschäftigen Großstadt erhalten. Ich besuche die Longhua Pagode im Süden des Zentrums nach langer Irrfahrt mit überfüllten Stadtbussen. Der hohe, fein gegliederte Tempelturm aus dem 10. Jahrhundert gehört zu einer großen Klosteranlage mit klassischen Tempelhallen und mächtigen Buddhastatuen. In einem Seitenbau kann ich Mönche bei einer religiösen Zeremonie beobachten.

Ich fahre zum Yufo Tempel, dem »Tempel der Weißen Jadebuddhas«. Ich bestaune die beiden übermannshohen Statuen aus burmesischen Jademonolithen und sehe auch hier eine stattliche Anzahl von Mönchen, die heute wieder im Kloster leben und den Tempel unterhalten.

Meine Eindrücke von Kultur und Tradition in Shanghai vertiefen sich bei einem Besuch im hervorragenden Museum für Kunst und Geschichte. Lange Zeit verbringe ich beim Betrachten der reichhaltigen Sammlungen von Keramiken, Bronzen und klassischen Rollgemälden. Hier treffe ich auch Sylvie aus Belgien wieder, der ich schon in Guangzhou und Kunming begegnet war. Sie sucht nach einem Ausbildungsplatz, um traditionelle chinesische Medizin zu studieren. Wir haben uns viel zu erzählen von unseren Reiseerlebnissen.

Schon nach wenigen Tagen hat mich diese vielseitige, lebendige und für chinesische Verhältnisse noch immer weltoffene Stadt fasziniert.

Neben dem Besuch touristischer Sehenswürdigkeiten verbringe ich viel Zeit damit, einfach nur das bunte Leben auf dem Fluß zu beobachten. Besonders interessant sind die Uferstraßen entlang des kleinen Wusong Jiang, der in den Huangpo einmündet. Hunderte alter chinesischer Lastkähne und auch einige Dschunken mit feingliedrigen Rechtecksegeln werden hier in harter Arbeit beladen, bis sie tief im Wasser liegen. An den Uferstraßen

Der Yu Yuan in Shanghai ist mit seinen Pavillons, künstlichen Hügeln und Teichen ein guterhaltenes und prachtvolles Beispiel für die Gartenbaukunst im alten China.

stapeln sich die Waren, die aus den nahegelegenen alten Lagerhäusern herangeschafft wurden. Stundenlang sitze ich in den Grünanlagen am Bund, beobachte das Leben auf dem Fluß und die Passanten. Alte Menschen beim Schattenboxen. Berufstätige auf dem Weg zur Arbeit. Liebespaare bei verstohlenen Zärtlichkeiten am Abend. Der Umgang der Menschen miteinander scheint hier offener und ungezwungener als auf dem Lande. Häufig werde ich von freundlichen Chinesen auf Englisch angesprochen, die in ihrer Tätigkeit für Handelsfirmen die Fremdsprache erlernten oder an der Universität studieren. Ich begegne einigen Architekturstudenten, die mich einladen, mir die Tongji-, die Freundschafts-Universität zu zeigen.

Lin Wong, eine kleine Chinesin mit strahlendem Lachen, führt mich auf dem Campus herum. Sie spricht fließend Deutsch, studierte einige Jahre in Marburg und München und arbeitet nun im Auslandsamt der Universität. Zwischen weiten Grünanlagen liegen die Institutsgebäude, die zentrale Bibliothek, Mensa und Studentenwohnheime. Die Einrichtungen und Räumlichkeiten sind sehr einfach, aber in der Architekturabteilung stelle ich fest, daß Lehrinhalte und Unterrichtsstoff durchaus mit deutschen Verhältnissen vergleichbar sind. Zahlreiche Wissenschaftler aus Übersee unterrichten hier, Lehrsprachen sind Englisch und Deutsch. Lange unterhalte ich mich noch mit meinen neuen chinesischen Freunden, lerne viel Neues dazu über das Leben junger Menschen in China.

Wenn mir auch bei meiner Ankunft zunächst Ruhe und Leere in den Straßen aufgefallen waren, so entdecke ich doch im Laufe meines Aufenthaltes zahlreiche Orte abendlicher Unterhaltung und Zerstreuung. Das zu Zeiten der Suzie Wong berühmt-berüchtigte Nachtleben der Hafenstadt gibt es zwar – offiziell – heute nicht mehr, doch beim Besuch in einem der zahllosen Theater der Stadt oder in einem der Cafes in der Nanjing Lu vergehen die Abende schnell. Im Peace Hotel treffen sich Einheimische und ausländische Besucher bei westlicher Tanzmusik und Cocktailgetränken aus aller Welt. Im Internationalen Seemannsclub an der Suzhou-Brücke treffe ich Seeleute aus aller Herren Länder. Ich komme mit Japanern und Afrikanern ins Gespräch, klatsche den griechischen Matrosen zu, die zu fortgeschrittener Stunde den Sirtaki tanzen.

Schöne Tage verbringe ich auch mit Besuchen in den nahegelegenen Nachbarstädten von Shanghai. In Wuxi und Suzhou bewundere ich die berühmten Parkanlagen und alten Tempel und Pagoden. Trotz hoher Industrialisierung hat sich in diesen Orten vielfach noch das Bild des alten China erhalten mit menschenvollen, engen Gassen, malerischen Stadthäusern, stillen Kanälen und bunten Märkten.

Shanghai ist mir schnell ans Herz gewachsen. Ich war tief gefangen von der besonderen Atmosphäre der Stadt, seiner Mischung aus Tradition und Weltoffenheit, dem angestaubten Charme der Geschäftsstraßen und der Freundlichkeit der Bewohner. Der Abschied fällt mir schwer; mehrmals verschiebe ich ihn. Er fällt mir auch deshalb schwer, weil Shanghai meine letzte Station in China sein muß. Nach vier Monaten Aufenthalt wird mir mein Visum nicht mehr verlängert, in wenigen Tagen schon werde ich das »Reich der Mitte« verlassen müssen.

Macao und Hongkong

Macao – Portugal vor Chinas Toren

Etwas verdutzt stehe ich an der Bushaltestelle. In den letzten vier Monaten hatte ich mich an das Leben in der Volksrepublik gewöhnt, an die etwas farblosen Straßenzüge, an das Meer der Fußgänger und Fahrradfahrer, das sie anfüllt; an all die kleinen Besonderheiten des chinesischen Alltags. Nun habe ich zu Fuß den Grenzposten nach Macao passiert, das Reich der Mitte endgültig verlassen. Ich stehe an den Portas do Cerco. Chromblitzende europäische und japanische Fahrzeuge füllen die Straße, die Gebäude sind überzogen von bunten Werbeschildern; in die chinesischen Transparente mischen sich portugiesische Schriftzeichen. Aus einem Geschäft tönt Disco-Musik.

Mit einem englischen Doppeldeckerbus fahre ich in das Zentrum der Stadt, vorbei an modernen Wohnhochhäusern, über weite Straßen voller quirlendem Verkehr. Istmo Ferreira. Avenida do Coronel Mesquita. Die Schriftzüge zeigen, daß Macao noch immer portugiesische Kolonie ist. Seit weit über 400 Jahren. Die älteste Ansiedlung von Europäern in Asien. Schon bei der ersten Fahrt durch die Stadt spüre ich den besonderen Reiz, der von dieser Mischung südeuropäischer und ostasiatischer Kultur ausgeht. Die Dächer alter chinesischer Tempel ziehen vorbei, nicht weit davon eine kleine Rokokokirche. Manche der pastellfarbenen Häuser gleichen portugiesischen Stadtpalästen. Die überwiegende Mehrzahl der Passanten sind Chinesen, aber gelegentlich sehe ich auch europäische Gesichtszüge, höre, wie sich Mitfahrende auf Portugiesisch unterhalten.

Von meiner kleinen Pension in der Altstadt aus entdecke ich Macao, die »Stadt des Namen Gottes«.

In der Avenida Ribeiro drängt sich dichter Verkehr. Die Rokokofassaden der alten Stadthäuser verfallen langsam, aber hinter den Arkaden der Gebäude liegen unzählige Geschäfte mit reichem Warenangebot nebeneinander: Juweliere und Goldschmiede, Textilgeschäfte mit der neuesten Mode aus aller Welt, Lebensmittelläden mit chinesischen Spezialitäten. Der Platz vor dem Rathaus erinnert mich mit den reichverzierten Fassaden und den Wasserspielen stark an Südeuropa; das Leal Senado selbst gleicht einem Palazzo mit seinen breiten Rundbögen, den blauen Azulejo-Fliesen und dem kleinen Innenhof.

Durch die engen, menschenvollen Gassen der Altstadt suche ich meinen Weg zum alten Fort. An Straßenständen werden chinesische und kreolische Zwischenmahlzeiten zubereitet, vor einigen der kleinen Läden ist das Warenangebot auf der Straße aufgebaut. In einem Trödlerladen entdecke ich zwischen allerlei nutzlosem Gerümpel altes chinesisches Porzellan und angestaubtes, feingeschnitztes Mobiliar mit Einlegearbeiten. Lange feilsche ich mit dem weißhaarigen Chinesen um eine kleine Stempeldose aus Blau-Weiß-Porzellan. Endlich einigen wir uns lachend nach langem Sprachwirrwarr aus Portugiesisch und etwas Mandarin. Er spricht eigentlich Kanton-Chinesisch, eine Sprache, in der ich nicht einmal zählen kann!

In einigen Läden der Altstadt von Macao entdecke ich noch ein China, das im »Mutterland« seit der Kulturrevolution verschwunden ist. Besonders in den Apotheken faszinieren mich die gedunkelten, prächtig geschnitzten Wandvertäfelungen und Einrichtungen, die alten Lampenschirme mit den chinesischen Aufschriften, die Haustempel und Familienschreine mit den Räucherstäbchen und rotgoldenen Schnitzereien.

Endlich führt der Weg hinauf zum Festungshügel mit seinen Wallanlagen. Von droben habe ich einen atemberaubenden Rundblick: Zwischen engwinkligen Altstadtquartieren erheben sich überall vielgeschossige Hochhäuser. In weiten Teilen der Stadt, die sich auf der schmalen Halbinsel nicht ausdehen kann, entstehen moderne Wohntürme. Mehrere steile Hügel und das umgebende Meer schenken der Stadt eine einzigartige Lage. Im Hafen liegen unzählige, kleinere chinesische Schiffe neben größeren Frachtern vor Anker. Im Süden spannt sich in elegantem Schwung eine hohe Brückenkonstruktion hinüber zu den Inseln Taipa und Coloane, die ebenfalls zur Kolonie gehören. Nach Norden erkenne ich im Dunst der Mittagshitze die Höhenzüge der Volksrepublik. Direkt unter mir steht das Wahrzeichen von Macao frei auf einem weiten Platz inmitten der Altstadt: Ruinas de San Paulo, eine prächtige Rokokofassade und einziger Überrest der einstigen Kathedrale. Mit dem Blick über die Stadt beginnen meine Gedanken zu wandern. Macao fasziniert in seinem Nebeneinander von Alt und Neu, in der Mischung zweier Kulturen. Die Stadt regt an mit ihrer lebensfrohen, südländischen Atmosphäre. Und doch denke ich etwas wehmütig zurück an China. In stundenlangem Bummel durch Geschäftsstraßen und Gassen mit grellbunten Werbeschildern habe ich hier keinen einzigen Buchladen entdeckt. Wo sind die Geschäfte mit kunstvoll handgeschriebener Kalligraphie? Wo sind die Teehäuser mit den Geschichtenerzählern? Wo die alten Menschen, die ich in China so oft auf ihren wackeligen Stühlchen vor den Haustüren beim Plausch beobachtete oder beim morgendlichen Tai Chi?

Alles wirkt hier bunter und greller, hektischer und rastloser. Ich vermisse die Ruhe und auch die Einförmigkeit, die das Leben in der Volksrepublik noch bestimmt. Dafür höre ich Verkehrslärm und Radiomusik.

Eine Stimmung weltvergessener Ruhe finde ich aber schon kurz darauf beim Besuch des alten protestantischen Friedhofes der Europäer. Die Hektik der Stadt scheint hier vergessen, zwischen den Grabsteinen sprießt tiefgrünes Gras. Die Inschriften sind Geschichte: Ein Missionar – von »Eingeborenen« umgebracht. Ein Armeeleutnant der Kolonialmacht – im Gefecht gefallen. Ein Schriftsteller aus England – eines natürlichen Todes gestorben.

Die Chinesen gedenken ihrer Toten mit Ahnentafeln, die in den Tempeln aufgestellt sind. Sie zeigen goldene Schrift auf rotem Grund, manchmal auch ein Bild des Verstorbenen. Ich entdecke sie im Kun lam Tong Tempel, einer der größten und schönsten buddhistischen Gebetsstätten in Macao. Er ist der Göttin der

Der Platz vor dem Rathaus von Macao, dem Leal Senado, vermittelt südeuropäische Atmosphäre.

In den engen Marktgassen von Macao entdecke ich diesen Schlangenhändler, der die hochgiftigen Reptilien mit geschickten Griffen schlachtet.

Barmherzigkeit geweiht. Der Duft der Räucherstäbchen und -spiralen schafft eine stimmungsvolle Atmosphäre.

Vorbei am Hafen mit dem Gedränge chinesischer Arbeiter, die schwere Lasten von den Schiffen schleppen, mit großen Paletten scharf riechenden Trockenfisches, der in der Sonne ausgebreitet ist, erreiche ich den Ma Kok Miu Tempel im Südwesten der Stadt. Er ist der Schutzgöttin der Seefahrer geweiht und stammt aus dem 16. Jahrhundert. Vor seinem Eingang warten Bettler auf milde Gaben. Im Tempelraum beobachte ich Gläubige, die einen Einblick in die Zukunft suchen. Sie werfen halbrunde Hölzer zu Boden und deuten ihre Lage zueinander oder schütteln aus einem Bündel von Holzstäbchen mit Hilfe der Götter eines heraus, das ihnen das Kommende prophezeit. Räucherstäbchen werden am Tempelschrein entzündet, Opfergaben niedergelegt.

Ich besuche die Residencia do Dr. Sun Yat Sen im Herzen des modernen Stadtzentrums. In der alten Villa finde ich eine lehrreiche Ausstellung, die Wissenswertes über das Leben des Anführers der bürgerlichen Revolution gegen die Mandschuherrschaft erzählt. Sein Andenken wird hier ebenso geehrt wie drüben im kommunistischen China. Auch am Abend finde ich viel Abwechselung in Macao. Ich entdecke einige der kleinen Speiselokale der Altstadt. Die Küche Macaos kann mich auch nach den kulinarischen Erlebnissen in China noch begeistern. Sie hat sich aus 400 Jahren europäisch-asiatischer Mischung herausgebildet. Von den Chinesen wurde neben vielerlei Zutaten auch die Art der Zubereitung übernommen: Schnelles Kochen und Erhalt des Eigengeschmackes der Speisen. Hinzu kamen Rezepte der Kolonialportugiesen aus Südamerika, Indien und Afrika. Eine Vielfalt von einzigartigem Reichtum! Bacalhau, Gallinha und selbst eine einfache sopa sind hier wahre Delikatessen!

Zu vorgerückter Stunde statte ich einem der Spielkasinos der Stadt einen Besuch ab. Sie sind ohnehin 24 Stunden am Tag geöffnet und bilden eine der Haupteinnahmequellen der Kolonie, da Glücksspiel im reichen Nachbarn Hongkong verboten ist. »Las Vegas in Asien« wird Macao genannt. Ich besuche das vornehme Casino im Hotel Lisboa, das originelle »Schwimmende Casino« am Hafen und das »Jai A Lai«, in dem das schnellste Ballspiel der Welt gespielt und dabei heftig gewettet wird. Dicht gedrängt sitzen Hongkongchinesen und westliche Touristen an den Tischen, an denen Roulette, Keno, Big and Small oder Fan Tan gespielt wird. Einige von ihnen wirken begeistert, andere begierig, viele gelangweilt. Die meisten haben sich fein herausgeputzt für den Abend. Größere Geldsummen wechseln den Besitzer: das Casinopersonal demonstriert eingeübtes Lächeln und angelernte Souveränität. Ich kann dieser Welt nach meiner Begegnung mit China nichts abgewinnen, werfe noch glücklos einige Münzen in die »Hungrigen Tiger« und verlasse das Casino recht bald. Vor dem Eingang sehe ich wieder Bettler. Sie sitzen mit gesenktem Kopf in abgerissener Kleidung auf dem Pflaster, neben sich einen Hut oder eine Schachtel mit ein paar Münzen.

Trotz aller Nachdenklichkeit konnte mir Macao den Abschied von China doch etwas erleichtern. Ich erlebte hier südländisch-heitere Atmosphäre und spürte in den buddhistischen Tempeln und in den Gassen und Häusern der Altstadt doch auch sehr stark chinesisches Leben und Tradition.

Eines Mittags stehe ich mit Sack und Pack am Hongkong-Pier. Das moderne Tragflächenboot wird mich in weniger als einer Stunde hinüberbringen in die britische Kronkolonie.

Geschäftiges Hongkong

Mißtrauisch mustert mich der Einreisebeamte. Mein Äußeres und insbesondere mein Rucksack scheinen nicht zu seiner Vorstellung von einem erwünschten Touristen zu passen. Zudem hat er festgestellt, daß ich vier Monate in der Volksrepublik China zubrachte. Die Bewohner von Hongkong haben ein gespaltenes Verhältnis zum »Mutterland«. 1997 laufen die Pachtverträge Englands aus, Hongkong wird an China übergeben.

Nach einigen unliebsamen Fragen bekomme ich den Einreisestempel und mache mich durch das Zentrum von Hongkong auf zum Anleger der Fähre nach Kowloon, wo ich eine preiswerte Unterkunft zu finden hoffe. Wie benommen überquere ich auf Fußgängerstegen vielspurige Fahrstraßen mit dichtem Verkehr, blicke hinauf an Gebäuden, die mir schwindelerregend hoch erscheinen. Sauber und adrett gekleidete Menschen hasten an mir vorbei, strömen nach der Mittagspause zurück in ihre Büros. Wohl jeder Besucher von Hongkong ist verblüfft vom Getriebe dieser hochmodernen Millionenstadt. Mir versetzt die erste Begegnung nach den Erfahrungen der vergangenen Monate nahezu einen Kulturschock.

Ein kurzes Aufatmen bringt die Fahrt mit der »Star Ferry« durch die Bucht von Hongkong hinüber in den Stadtteil Kowloon auf dem Festland. Aus der Distanz bekomme ich einen Überblick über die Stadt und ihre unvergleichliche Lage. Im Süden, auf Hongkong Island, werden langsam die Hochhäuser von Central Hongkong und Wanchai kleiner. Hinter ihnen steigen Berghänge steil zum Victoria Peak auf. Im Norden rückt das Häusermeer von Kowloon näher: ungezählte Hochhäuser, zur Linken der riesige neue Komplex des Ocean Centre, direkt vor uns der Bau des Star Ferry Pier Kowloon mit dem benachbarten nostalgischen Uhrturm, der mich an den Big Ben in London erinnert.

Wie viele andere Rucksackreisende finde ich in Kowloon preiswerte Unterkunft in einer der Etagenpensionen der Chungking Mansions. In den unteren Geschossen: ein heruntergekommenes Shopping Centre mit den unzähligen Textil-, Foto- und Phonogeschäften, die das »Einkaufsparadies« Hongkong überschwemmen. Im 16. Stock des Block A, erreichbar über einen altersschwachen, ständig überlasteten Aufzug oder über abscheuliche Treppenhäuser, in denen sich der Müll der Mieter türmt: Eng aneinandergerückte Stockbetten in kargen Räumen.

Doch die Enge und Improvisiertheit schafft hier eine fast familiäre Atmosphäre der Zusammengehörigkeit unter den Travellern. Ich freue mich, Andy und Kirby zu treffen, die ich in Yunnan kennenlernte. Fast schon ein Stück Heimat in dieser gefährlich hektischen und unübersichtlichen Stadt für mich!

In den nächsten Tagen erlebe ich Hongkong als Benutzer, nicht als Tourist. Ich muß mich um den Weiterflug bemühen, muß wartende Briefe vom Postamt abholen, möchte meine Fotoausrüstung ergänzen. Die Filme aus China müssen entwickelt werden, Reiseartikel sind einzukaufen. Kreuz und quer fahre ich mit Stadtbussen durch Kowloon und Hongkong. Intensiv erlebe ich die engen Straßenschluchten, die malerisch-erschreckende Fülle der Neonreklamen, die Unüberschaubarkeit der Geschäfte, Märkte, Kaufhäuser. Mich fasziniert die Vielfalt der Menschen, die sich auf den Straßen drängen: neben Chinesen sehe ich Inder, Malayen, Philippinos und auch Europäer mit sehr britischem Aussehen. Zwischen dem Glanz der Schaufenster und Verkaufsauslagen fallen mir aber auch die vielen Bettler und Armen auf, die am Straßenrand liegen oder in Pa-

Die nostalgische Straßenbahn in Hongkong steht in reizvollem Kontrast zu den hochmodernen Wolkenkratzern der Stadt.

Vom Hongkong-Peak bietet sich dem Besucher bei Tage und am Abend ein gleichermaßen atemberaubendes Bild der Metropole zwischen Meeresufer und Berghängen.

pierkörben nach Eßbarem suchen. Sie stehen in scharfem Kontrast zu dem Bild des Wohlstandes und der Sauberkeit, das sich Hongkong geben möchte. Letzteres übrigens mit großer Anstrengung, wie die ständig mahnenden Verbotstafeln und drakonischen Strafandrohungen beweisen, etwa für das unachtsame Wegwerfen von Papier auf der Straße.

Ich bin erstaunt über die Ineffizienz in dieser scheinbar so dynamischen, fortschrittlichen und modernen Stadt: Postlagernde Briefe erhalte ich erst nach mehrmaligem Nachfragen und eigenem Durchsehen der Poststapel. Flugbüros sind kurzfristig in ganz andere Stadtteile verzogen, ihr Telefonnetz bricht regelmäßig zusammen, über Mittag oder nach 16 Uhr ist keine Dienstleistung zu erwarten. Stundenlang ausgehandelte Einkäufe scheitern daran, daß letztendlich die versprochene Ware im Geschäft doch nicht vorrätig und auch nicht zu den vereinbarten Bedingungen zu beschaffen ist. Ich erfahre dabei auch, daß die rastlos und gehetzt wirkenden Hongkong-Chinesen verbindlich und freundlich erscheinen, solange sie sich ein Geschäft erhoffen, daß sie aber sehr schnell kühl und unfreundlich werden können, wenn eine Einigung nicht erreicht wird. Auch in Hongkong muß ich wieder sehr lange suchen nach einem Buchladen oder gar einer Kunsthandlung – für die Kultur scheint wenig Raum zu bleiben neben dem privatwirtschaftlichen Kommerz der Wegwerfartikel und Schnellrestaurants amerikanischer Prägung.

Natürlich bin ich in Erinnerung an die vergangenen Reisemonate auch in dieser doch so westlichen Metropole auf der Suche nach einem »Stückchen China«. Ich finde es bei zahlreichen Gelegenheiten: In den Seitenstraßen der älteren Wohnquartiere und auf dem Nachtmarkt, in den vereinzelten traditionellen Tempeln, bei der Vorführung einer chinesischen Oper.

Der chinesische Nachtmarkt liegt im Norden von Kowloon, in einem älteren Wohn- und Geschäftsviertel, das von modernen Hochhäusern noch nicht verdrängt wurde. Zugegeben, die Gebäude wirken hier sehr heruntergekommen, aber das Viertel hat Atmosphäre mit den kleinen Geschäften, die ihre Waren auch auf dem Gehsteig ausbreiten; mit den Bewohnern, die hier in Hauskleidung zum Einkauf schlurfen. Ich spüre deutlich den Unterschied zur anonymen Neon- und Geschäftswelt des sanierten, modernen Hongkong.

Abends sind hier Hunderte von Straßenständen geöffnet mit Bekleidung und Schuhen, mit Hausrat und Billigcassetten. An vielen Plätzen auf dem Nachtmarkt finde ich Essensstände und Garküchen, in denen südchinesische Kost angeboten wird. Im Unterhemd serviert der Koch Nudelsuppe mit Fleischbällchen oder Krabben aus Plastikschüsseln. Chinesische Atmosphäre finde ich auch in den wenigen traditionellen Tempeln von Hongkong. Der Tinhau Tempel, gleich neben dem Nachtbasar, ist wegen seiner feinen Dachdekorationen berühmt. Vor ihm treffe ich alte Männer beim Mah Jong und beim chinesischen Schachspiel. Im Man Mo Tempel an der Ladder Street zieht mich das Halbdunkel in Bann, das Tempelschreine, Opferaltar und die großen Räucherspiralen unter der Decke umgibt. Ich beobachte Chinesen, die sich die Zukunft deuten lassen.

Auch die chinesische Oper im Laichikok Vergnügungspark beeindruckt mich. Ich hatte eine eher touristische, oberflächliche Replik des klassischen Spiels erwartet, doch ich erlebe eine stimmungsvolle, mehrstündige Aufführung im traditionellen Stil. Die Zuschauer, fast ausnahmslos alte chinesische Frauen und Männer, folgen der Handlung mit Anteilnahme.

Eines Morgens fahre ich mit dem Stadtbus hinaus nach Aberdeen im Süden der Insel

Auch im modernen Häusermeer von Hongkong findet man noch traditionelle chinesische Tempel, die die Lebendigkeit des alten Glaubens bezeugen. – ***Unten:*** **Im alten Man-mo-Tempel in Hongkong faszinieren unzählige Räucherspiralen.**

Hongkong. Freunde, die vor Jahren hier gewesen waren, hatten geschwärmt vom Meer der Dschunken und Wohnboote in dieser schwimmenden Stadt der »Wasserchinesen«. Doch auch hier hat der Fortschritt vieles verändert. Hohe, anonyme Wohnblocks umstehen das kleine Hafenbecken. Hierher wurden die »Wasserchinesen« umgesiedelt, als man den kleinen Hafen sanierte und dabei die malerische »schwimmende Stadt« auflöste. Die scheinbare Idylle auf dem Wasser gibt es nun nicht mehr, dafür leben die Menschen unter verbesserten, hygienischen Bedingungen. Zwischen den Kuttern und Schleppern am Uferkai sind nur noch wenige der Wohnboote übriggeblieben. Als ich sie etwas näher betrachte, umschwärmen mich sofort aufdringliche Fischerfrauen, die mir in der Hoffnung auf einen schnellen Verdienst eine »Hafenrundfahrt« im Ruderboot anbieten.

Ich lehne lachend ab und fahre am Nachmittag lieber zum Victoria Peak. Auf kurvenreicher Straße bringt mich einer der typischen Doppeldeckerbusse hinauf auf die höchste Erhebung der Insel Hongkong. Der Blick auf die Stadt und das Meer ist überwältigend.

Direkt unter mir liegen die Bürotürme von Hongkong Central, unter ihnen der spektakuläre Neubau der Hongkong Bank. Zur Rechten sehe ich die Geschäftshäuser von Wanchai, dahinter ein dichtes Häusermeer bis North Point, durchschnitten von zahllosen Verkehrsstraßen und Stadtautobahnen. Zur Linken blicke ich auf die älteren Viertel um die Des Voeux Road mit ihren Märkten und den Turmbauten des Macao Terminal. Dahinter das tiefblaue Meer, das die Insel wie eine riesige Straße vom Festland trennt. Scheinbar winzige Schiffe kreuzen auf dem Wasser, zahllose Frachter und Tanker liegen bis an den Horizont in der See vor Anker und warten darauf, ihre Ladung zu löschen oder beladen zu werden. Drüben auf der anderen Seite erkenne ich Kowloon mit der weiten Grünfläche des Kowloon Parks im scheinbar endlosen Häusermeer. Dahinter – im Dunst: Die Berge der Volksrepublik China. Die ganze Szene ist von dramatischer Schönheit durch die einmalige Lage der Stadt und durch die Vielzahl der Hochhäuser, die sich auf dem kleinen Landstreifen unterhalb des »Peak« zusammendrängen.

Ich verbringe lange Zeit auf dem Berg, erlebe einen unvergeßlichen Sonnenuntergang und wandere den Höhenweg entlang, der mit immer neuen Ausblicken um den »Peak« herumführt. In der Abenddämmerung leuchteten die ersten Lichter in den Gebäuden auf; jetzt, in der Dunkelheit, funkelt und glimmt die ganze Stadt wie ein Meer von Diamanten. Große Leuchtwerbungen erstrahlen über dem Hafen und spiegeln sich im Wasser. Tausend Lichter der Schiffe tanzen auf dem Meer. Erst spät am Abend kann ich mich von diesem Anblick trennen und fahre mit der berühmten Peak-Tram direkt hinunter in das Herz der Stadt.

Die letzten Tage in Hongkong verbringe ich auf Cheung Chau, einem kleinen Nachbareiland der größeren Insel Lantau. Die ländliche Atmosphäre und die Ruhe auf dieser Fischerinsel kann ich nach der Hektik der Großstadt so richtig genießen. In den engen Gassen mit den niedrigen Häusern gibt es praktisch keinen Verkehr; die Uhr scheint hier etwas langsamer zu laufen. Fischer verkaufen ihren Fang im Hafen, der voll ist von schmucken kleinen Kuttern. In den beiden Tempeln des Ortes beobachte ich alte Menschen beim Gottesdienst. Geruhsame Spaziergänge führen mich am Meeresufer der kleinen Insel entlang. Nur am Wochenende wird es hier lebendig, wenn unzählige Städter mit den Fähren aus Hongkong herüberkommen und den schmalen Strand bevölkern.

Nach Tagen der Ruhe kehre ich zurück nach Kowloon. Noch einmal tauche ich ein in das Häusermeer, in die Hektik und Betriebsamkeit der Straßenschluchten. Einige letzte Einkäufe sind zu erledigen. Die grelle Buntheit der Werbeschriften, der dramatische Anblick der auf engstem Raum beieinanderstehenden Hochhaustürme, das Gedränge der Menschen – dies alles reißt mich noch einmal mit, packt mich in seiner Dynamik.

Dann wird es Zeit, zum Flughafen hinauszufahren, der berühmt ist für die spektakulären Landeanflüge zwischen den Hochhäusern. Als das Flugzeug nach Manila abhebt, habe ich endgültig den chinesischen Kulturkreis verlassen.

2. Teil

STECKBRIEF

Fakten und Tips für Chinareisende

Im Folgenden sind Fakten und Informationen zu den in den vorangegangenen Reisebeschreibungen erwähnten Orten und Reisewegen stichwortartig in übersichtlicher Form zusammengestellt. Reihenfolge und Auswahl entsprechen dem ersten Teil des Buches, womit kein Anspruch auf einen vollständigen Chinareiseführer erhoben wird, sondern vielmehr ergänzende und vertiefende Informationen für den Chinareisenden angeboten werden, besonders für den Einzelreisenden mit begrenztem Budget.

Die Einzelangaben sind vorort im Frühjahr 1986 sorgfältig recherchiert und – soweit möglich – anschließend weiter aktualisiert worden. Veränderungen in einzelnen Details können natürlich jederzeit eintreten. So sind insbesondere die Preisangaben nur als grobe Richtwerte anzusehen, gültig zum Zeitpunkt der Recherche. Mit wachsendem Tourismus und steigenden Besucherzahlen werden auch in China die Preise für einige touristische Leistungen sicherlich angehoben werden. So sind insbesondere die Preise für Inlandsflüge in jüngster Zeit teilweise recht kräftig gestiegen.

Steckbrief	**BEIJING (PEKING)**
TECHNISCHES	
– Anreise –	*Flüge* z.B. ab Chengdu (225.–), Guangzhou (300.–), Guilin (230.–), Kunming (361.–), Shanghai (175.–), Urumqi (470.–), Xian (132.–), Hongkong (430.– – 650.–) *Eisenbahn* z.B. ab Chengdu (35 Std., 100.– Hardsleep.) Guangzhou (40, 110.–), Guilin (31, 100.–), Kunming (60, 145.–), Shanghai (22, 80.–), Xian (21, 65.–) von/nach Europa: *Flugverbindungen:* zahlreiche Linien; Billigflüge in Deutschland ab etwa 1000.– DM einfach. Transsibirische Eisenbahn: Beijing/Moskau 5–6 Tage zweimal wöchentlich; Preise für die (billigere) Rückfahrt ab Beijing ca. 350.– FEC bis Moskau, 470.– FEC bis Berlin; 3–4 Wochen im voraus buchen!
– Übernachtung –	*Qiao Yuan Hotel,* Yongdingmen Wai Dongbinhe Lu, T338861, ganz im Süden der Stadt, Bus 106, 8.– FEC pro Bett im Mehrbettzimmer, Travellertreff. *Chongwenmen Hotel,* Chongwenmen Dajie, manchmal billige Mehrbettzimmer, ebenso: *Xuanwumen Hotel,* Xuanwumen Lu (billige Dorms)
– Essen –	Vielzahl guter (und auch relativ teurer) Restaurants, besonders zu empfehlen: Restaurants im Beijing- und im Xinqiao-Hotel. Kang Le Restaurant, Andingmennei Lu 259 (Bus 2), gute Yunnanküche. Qianmen Enten-Restaurant, südlich des Qianmen-Tores in der Qianmen Lu, berühmtes Peking-Ente-Essen, im Erdgeschoß billiger als im Obergeschoß.
– Transport –	*Busnetz:* umfangreiche Verbindungen (blaue und rote Linien), Streckenkarte bei CITS. *U-Bahn:* zwei noch voneinander getrennte Linien mit 17 Haltestellen, 0.10 RMB pro Fahrt, geöffnet 4.30 – 23.00. Ost-West-Linie: Apfelgarten-Hauptbahnhof. *Taxi:* sehr preiswert: Kilometer je nach Fahrzeugtyp und -alter 0.50 – 1.00 RMB, Taxameter. *Fahrradverleih:* Chongwenmen Lu gegenüber CITS oder im Qiao Yuan Hotel – etwa 2.– FEC/Tag, sehr empfehlenswert, bes. zur »Rush-Hour«!!
SEHENSWERTES **– Stadt –**	*Tiananmen Platz:* Größter Platz der Welt vor dem Kaiserpalast, Gelegenheit zur Menschenbeobachtung (Drachensteigen etc.), Mao-Mausoleum. *Kaiserpalast:* Riesige, ehemals »verbotene« Palaststadt, Besuch mindestens 1/2 Tag, Tore, Hallen, Paläste und kaiserliche Gärten. *Kohleberg:* Parkhügel nördlich des Kaiserpalastes mit Pavillons und dem schönsten Blick über Beijing. *Beihai-Park:* schöne Parkanlage westlich des Kohleberges mit Lotossee, tibetanischer Pagode und einer großen Drachenwand. *Tiantan(Himmels-)Tempel:* Meisterwerk der Ming-Architektur, Erntedanktempel mit imposanter Holzkonstruktion und perfekter Rundform. *Lamatempel:* einer der größten und schönsten tibetisch-buddhistischen Tempel der Welt. *Konfuziustempel:* gegenüber Lamatempel, im Inneren drei Museen, Mo. geschlossen.

Steckbrief	**BEIJING (PEKING)** (Fortsetzung)
SEHENSWERTES – Umgebung –	*Sommerpalast:* wunderschöne Park- und Palastanlagen am nordöstl. Stadtrand mit großem künstlichem See. Einige Kilometer weiter: Foxiang Pagode (150 m). *Große Mauer:* 75 km nördl. von Beijing bei Badaling – restauriertes Teilstück mit Wachtürmen und gutem Eindruck von diesem 6500 km langen Bau. *Ming-Gräber:* 40 km von Beijing, Gräber von 13 Mingkaisern, nur 2 davon geöffnet. Unterirdische Kammern, Pavillonbauten, weltberühmte »Straße der Tiere« mit steinernen Wächterfiguren. *Große Mauer und Ming-Gräber* mit chinesischen Ausflugsbussen: 12.– FEC, Karten beim Busfahrkartenbüro gegenüber CITS (östl. Xinqiao Hotel).
SONSTIGES	Theater: u.a. Changan Theater, Peking-Oper – Karten am besten über CITS besorgen. Akrobaten: tägl. Vorstellungen, Karten bei CITS Information: CITS, Chongwenmen Hotel. Einkaufen: Freundschaftsladen-Jianguomenwai 21. beste Einkaufsstraße: Wangfujing Lu.

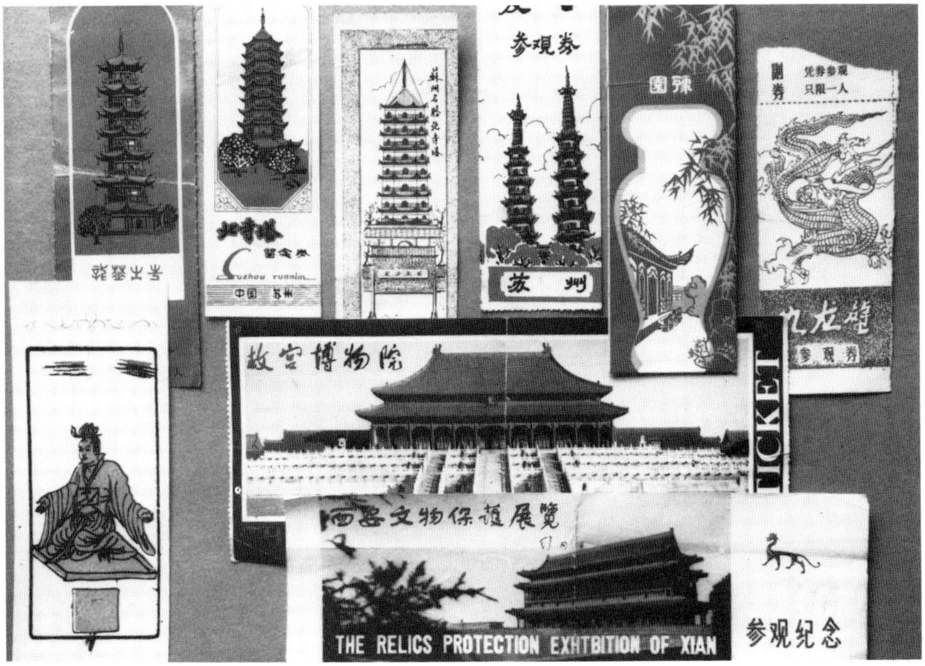

Eine kleine Auswahl aus meiner Eintrittskartensammlung!

Steckbrief	**DATONG**
TECHNISCHES	
– Anreise –	*Bahnverbindung* ab/bis Beijing (10 Std., 27.– Hsl.), Hohhot – Innere Mongolei (6, 20.–), Taiyuan (9, 25.–). In Datong auch Zusteigemöglichkeit in die Transsibirische Eisenbahn, sofern Ticket, Visa für die Durchreiseländer etc. rechtzeitig vorher in Beijing besorgt wurden!
– Übernachtung –	*Renmin Hotel* (Bus Nr. 2 vom Bahnhof): im Süden der Innenstadt, etwas angestaubtes Hotel mit unfreundlichem Personal, 30.– – 40.– FEC pro Doppelzimmer; auch Mehrbettzimmer, aber angeblich nur für Frauen! CITS-Büro!
– Essen –	*Hotelrestaurant:* Mahlzeiten zu sehr strikt festgesetzten Zeiten! Nettes Restaurant auch gegenüber Renmin-Hotel. Einige kleinere Restaurants in der Ost-/West-Hauptachse der Altstadt, östlich der zentralen Kreuzung – schließen aber schon gegen 18.00!
– Transport –	Einige Stadtbuslinien in Datong; Überlandbus (Bus Nr. 3) zu den Yungang-Höhlen. Zum Hengshan und nach Yingxian: am besten Mietwagen von CITS (Renmin Hotel): Minibus bei 8 – 10 Personen pro Tag etwa 15.– FEC/Pers.
SEHENSWERTES	
– Stadt –	*Altstadt:* Quartiere um die zentrale Kreuzung der beiden Hauptachsen der Stadt, einige Straßen mit typischen kleinteiligen Stadthäusern (geschwungenes Dach, farbige Holzfassaden) sind erhalten. *Shanhua Kloster:* Kloster aus dem 8. Jahrhundert im Süden der Stadt. *Huayan Kloster:* im östlichen Teil der Altstadt, aus dem 12. Jahrhundert, sehr große Anlage, die allmählich renoviert wird; im unteren Klosterbereich ist das Stadtmuseum untergebracht; 9-Drachen-Wand (Jia Long Bi): in der Altstadt, 40 m lange Mauer mit Drachenbildern, Ming-Zeit.
– Umgebung –	*Yungang Höhlen:* ca. 20 km östlich von Datong; eine der bedeutendsten Anlagen buddhistischer Kunst in China; 50 000 Buddhastatuen in 50 Höhlen und Nischen einer Felswand, teilweise noch in Originalfarben erhalten. Schöne Holzdächer der Tempelhöhlen am Eingang, große Buddhastatue im rechten Teil der Felswand. *Hängendes Kloster am Hengshan:* 5 km außerhalb von Hunyuan (Busverbindung nach Datong, Übernachtungsmöglichkeit im Gästehaus), schwindelerregende Holzkonstruktion an einer senkrechten Felswand, sehenswerte Buddha- und Heiligenstatuen in den Tempelräumen; gegenüber: der Berg Hengshan, über einen Steintreppenweg besteigbar. *Hölzerne Pagode von Yingxian:* ältester, erhaltener mehrgeschossiger Holzbau in China aus dem 10. Jahrhundert, 60 km südlich von Datong, Fresken und Buddhastatuen im Inneren, schöner Blick von der Spitze. Hängendes Kloster und Hölzerne Pagode sind am besten in einem 1-Tages-Ausflug mit einem CITS-Minibus zu besuchen (siehe »Transport«!).

Steckbrief	**DATONG** (Fortsetzung)
SONSTIGES	Teppich-, Porzellan- sowie Messingfabrik sind über CITS zu besichtigen, ebenso die größte Dampflokomotivenfabrik von China, letztere aber nur für Gruppen ab ca. 10 Teilnehmern. Einkäufe: Kaufhaus am Platz am östlichen Ende der Ost-/West-Achse der Altstadt; Freundschaftsladen direkt neben dem Renmin Hotel.

Steckbrief	**XIAN**
TECHNISCHES	
– Anreise –	*Flüge* z.B. ab Beijing (132.–), Chengdu (80.–), Golmud (190.–), Guangzhou (220.–), Kunming (150.–), Lhasa (390.–), Shanghai (166.–), Urumqi (290.–). *Bahn* z.B. ab Beijing (21 Std., 65.– Hardsleeper), Chengdu (20, 70.–), Guangzhou (37, 100.–), Kunming (40, 95.–), Shanghai (30, 74.–), Urumqi (65, 120.–).
– Übernachtung –	Generell teuer in Xian (Touristenstadt!): *Jiefang Hotel,* gegenüber des Bahnhofes, 40.– FEC pro Doppelzimmer im Touristenflügel (der Chinesenflügel bleibt Ausländern meist verschlossen). *Glockenturm Hotel,* Nan Dajie, Gruppentouristenhotel, teurer als Jiefang! *Xiaoyan Ta Hotel,* Changan Lu.
– Essen –	Für gehobene Travelleransprüche: Dongya, Luomashi 46, Wuxi- und Shanghai-Küche mit über 200 verschiedenen Gerichten. Restaurants der Hotels, besonders Renmin Hotel. Xian-Restaurant, Dong Dajie 298, Yangzhou-Küche.
– Transport –	Gutes Stadtbusnetz mit normalen und Oberleitungsbussen, z.B.: zum Bahnhof Bus 3 (0), 14, 9, 5; zur Großen Wildganspagode Bus 5, 19, 21, 22; zur Kleinen Wildganspagode Bus 3, 4, 15, 21; zum Provinzmuseum Bus 6, 14.

Steckbrief	**XIAN** (Fortsetzung)
SEHENSWERTES **– Stadt –**	*Shaanxi-Provinzmuseum:* in der Duanlumen, südöstlich des Belltower, sehenswerte Sammlungen in einem ehemals konfuzianischen Tempel, berühmter »Stelenwald«. *Drum Tower:* ehemaliger Trommelturm mit schönem Blick vom Dach, zugänglich von der Xi Dajie. *Bell Tower:* ehemaliger Glockenturm im Herzen der Stadt. *Stadtmauer mit Torfestungen:* imposante Anlage, in weiten Teilen erhalten, am besten das Westtor (Xi Dajie). *Altstadt* (Moslem-Viertel): westlich der Bei Dajie zwischen Lianhu Lu und Xi Dajie, kleine Gassen mit niedrigen traditionellen Häusern, Straßenstände und Garküchen; im Zentrum: *Große Moschee;* nordwestlich des Drum Tower, sehr sehenswert, Bauten und Architektur gleichen denen eines klass. chines. Tempels, allein die arabischen Schriftzeichen lassen eine Moschee erkennen. *Große und Kleine Wildganspagode:* im Süden der Stadt aus dem 7. Jahrhundert; beide können bestiegen werden (schöne Ausblicke); die kleine Wildganspagode liegt inmitten einer hübschen Tempelanlage. *Xingqing-Park:* altchinesische Parkanlage, Xianning Lu.
– Umgebung –	Zahlreiche Sehenswürdigkeiten, zu denen Busausflüge angeboten werden (jeweils ganztätige Ost- oder West-Touren): Karten im Jiefang Hotel. *Heiße Quellen von Hua Qing:* schöne Parkanlage, früher Residenz der Tang-Kaiser. *Ban Po:* Reste einer 6000 Jahre alten neolithischen Siedlung, sehr sehenswertes Museum. *Terracotta-Armee:* weltberühmte Wächterfiguren um das Grab des Kaisers Qin Shi Huang Di, etwa 500 Krieger und Pferde bisher freigelegt, sehr sehenswertes Museum. *Li Shimin Grab:* Grab des 2. Tang-Kaisers.
SONSTIGES	Zahlreiche Kinos und Theater, Karten über CITS (CITS, Sanxue Lu, T26857; außerdem im Seitenflügel des Renmin Hotel). Einkäufe im Freundschaftsladen (Dong Dajie), außerdem gute (und teure Antiquitäten) im Trommelturm und in kleineren Geschäften dahinter (dort teils auch recht preiswert, handeln möglich; aber nicht alles, was alt aussieht, ist es auch! Antiquitäten müssen ein staatliches Siegel für die legale Ausfuhr tragen!).

Steckbrief	**KLOSTER KUNBUM (TA ER SI)**
TECHNISCHES	
– Anreise –	ab/bis Xining: *Bahnverbindung* nach Lanzhou (5 Std., 5.–), dort umsteigen nach: Beijing (32 Std., 80.– Hsl.), Chengdu (32, 80.–), Xian (16, 40.–). Flugverbindung: Lanzhou (24.–), Beijing (222.–), Xian (87.–). von Xining nach Kunbum: mehrmals täglich Busverbindung ab Busbahnhof (Huang Zhong Station), etwa 2 Stunden Fahrzeit.
– Übernachtung –	*in Xining:* Xining Mansion, Da Zhong Jie/Jianguo Lu. Xining Guesthouse (Youyi Binguan), Qiyi Lu/Changjiang Lu. *in Kunbum:* Einfaches Tibetanerhotel in einem Seitenflügel des Hauptklosters, 5.– RMB/Pers. im Mehrbettzimmer. Etwas unterhalb des Hauptklosters, auf halben Weg zum Chörtenplatz: zwei weitere Pilgerherbergen, ebenfalls etwa 5.– RMB/Bett.
– Essen –	Generell sehr einfach in Kunbum: Tibetanische Kost (Nudelgerichte) in Zelten und Garküchen am Platz unterhalb des Klosters und an der Hauptstraße des Ortes. Auch einige chinesische Restaurants entlang der Hauptstraße.
SEHENSWERTES	
– Kloster/Ort –	*Vorplatz* zwischen Ort und eigentlichem Klosterbereich: Chörtenreihe, tibetanischer Markt. *Einzelklöster* im Taleinschnitt: 1. Kleines Kloster linkerhand gleich hinter der Chörtenreihe: ungewöhnliche Tierfiguren auf der Galerie, schöne Wandmalereien. 2. Hauptkloster: weithin sichtbare goldene Dächer, Eingangshof, im Anschluß Einzelschreine und -kapellen mit schönen Gebetsmühlen, dann Haupthof mit Haupthalle. 3. Vorbei an einigen verfallenen Bauten liegt im hinteren Teil des Tales rechterhand noch ein schönes kleineres Kloster mit sehenswerten Wandmalereien. Gebetsräume auf dem Dach besichtigen! 4. Bergkloster linkerhand des Tales: gegenüber dem Hauptkloster dem Weg bergauf folgen, in dem kleinen Kloster am Hang finden sich phantastische Yakbutterskulpturen. *Pilgerweg (Bakor):* Schöner Rundweg um das Tal, in vielen Bäumen Gebetsfahnen und Tierknochen mit eingeritzten Gebeten. Schönster Blick auf die Gesamtanlage: Vom Berg gegenüber des Klosters.

Steckbrief	**KLOSTER KUNBUM (TA ER SI)** (Fortsetzung)
SEHENSWERTES **– Umgebung –**	*Qinghai-See:* größter Salzwassersee in China auf fast 4000 m Höhe, Vogelparadies, Zweitagestour, organisiert über CITS, etwa 60.– FEC. Wanderungen in umgebende Dörfer: einem der Pfade in südlicher Richtung folgen, im nächsten Quertal schöngelegenes Dorf, vom Hügelzug dahinter schöner Blick auf die Schneeberge von Tibet.
SONSTIGES	Klinik und Apotheke für tibetanische Medizin: rechterhand an der Gasse zum Hauptkloster, gleich nach dem Chörtenplatz. Einkäufe: Gebetsmühlen, Türkise etc. an den Marktständen hier teils günstiger als in Tibet. Nachmittags: Versammlung der Mönche und Nahrungsverteilung im Hauptkloster; abends Gebetsstunde. Touristen müssen an einem Kartenhäuschen am Chörtenplatz ein Eintrittskartenheftchen kaufen, mit dem sie jedes der Einzelklöster je 1 x besuchen können.

Steckbrief	**TURFAN**
TECHNISCHES **– Anreise –**	*Bahnverbindung* z.B. von/nach Urumqi (3–4 Std., 5.–), Beijing (72 Std., 170.– Hardsleeper), Xian (65 Std., 120.–). *Busverbindung* von/nach Urumqi (4 Std., 5.–), Kashgar (3–4 Tage, 35.–). Bahnhof und Busdepot von Turfan liegen etwa 2 Fahrstunden außerhalb der Stadt, 2–3 mal täglich Busverbindung, bei Abfahrt am frühen Morgen ist Übernachtung am Bus-/Bahnhof nötig (sehr einfache Herberge direkt neben dem Busdepot, 2.– RMB/Bett). Bahn- und Buskarten vor dem Abfahrtstag kaufen!
– Übernachtung –	*Staatliches Gästehaus,* südlich des Verkehrskreisels auf der linken Straßenseite: preiswerte Unterkunft in Mehrbettzimmern, schöner Innenhof mit Weinreben. *Neues Chinesenhotel:* Neubau hinter dem Markt, nimmt auch Touristen auf, Preis wie Gästehaus. Angeblich gibt es noch eine einfache Übernachtungsmöglichkeit mitten im Ort: nach dem Ausgang aus der Busstation rechts auf der gleichen Straßenseite (herumfragen!).
– Essen –	Gutes Restaurant im staatl. Gästehaus mit Menü für 4.– FEC zu festgesetzten Zeiten. Frische Fleischspieße (kebab) an Straßenständen und knuspriges Fladenbrot aus Freiluftbäckereien. Hami Melonen und Weintrauben auf dem Markt (Früchte gut waschen, Darminfektionen sind hier an der Tagesordnung!).

Steckbrief	**TURFAN** (Fortsetzung)
– Transport –	Innerhalb der Stadt und für die nähere Umgebung: Eselskarren, ca. 5.– RMB für 10 km. Für Ausflüge in die weitere Umgebung: private Dreiradfahrzeuge werden gelegentlich angeboten – Preis vorher aushandeln! Oder: CITS-Minibus (im Gästehaus) – 10.– – 15.– FEC/Pers. für die 1/2 Tagestour, wenn gut besetzt.
SEHENSWERTES **– Stadt –**	*Altstadtviertel:* südlich und östlich des Gästehauses mit stark orientalischer Atmosphäre – Hofhäuser, staubige Gassen, offene Abwasserkanäle, verschleierte Frauen, Federvieh. *Imin Sugunta Moschee:* südöstl. des Ortskerns, mit mächtigem Minarett aus dem 18. Jahrhundert, mit Lehmziegel-Ziermauerwerk. Im Inneren kühle, schlichte Gebetshallen. *Museum:* Am Verkehrskreisel gelegen mit kleiner Sammlung von Ausgrabungen der Region, u. a. Mumien. *Basar:* An der Hauptstraße im Ortskern; hinter dem neuen Marktgebäude orientalischer Basar mit Gewürz-, Tabak- und Heilkräuterhändlern; Früchte, Hausrat, Fleischstände etc. ...
– Umgebung –	*Ruinenstadt Jiaohe:* etwa 12 km westlich von Turfan, eindrucksvolle Lage am Rand eines Steilabfalls, im 2. Jahrhundert gegründet, im 14. Jahrhundert zerstört, alter Verteidigungsposten an der Seidenstraße. *Ruinenstadt Gaochang:* 45 km östlich v. Turfan, Ruinen einer größeren Stadt, zwischen dem 7. und 14. Jahrhundert bewohnt, sehr weitläufig. *Astana-Gräber:* bei Gaochang, einige einfache Grabkammern mit Resten von Malerei und Mumien. *Bezeklik:* Hinter Gaochang in den Bergen, buddhistischer Höhlentempel aus der Tang-Zeit, Malereien stark zerstört. *»Flaming-Mountains«:* zerklüfteter Gebirgszug nördlich der Straße nach Gaochang.
SONSTIGES	Im Sommer unbarmherzige Sonneneinstrahlung, gefährliche Trockenheit (bis zu 70 °C gemessen!). Ausreichend Flüssigkeit und Salz zu sich nehmen – Kopfbedeckung obligatorisch! Besondere Einkäufe auf dem Markt: bestickte Uigurenkappen, einfache handgearbeitete Hausratsgegenstände, Kuriosa vom Wunderdoktor (getrocknete Affenschädel etc. ...).

Steckbrief	**VERKEHRSVERBINDUNGEN TURFAN – KASHGAR**
TECHNISCHES	
– Verbindungen –	*Überlandbusverbindungen* bestehen täglich von Turfan direkt nach Kashgar und von Urumqi nach Kashgar (Turfan – Urumqi: mehrmals täglich Bahnverbindung, etwa 5 Std., 4.–). Turfan – Kashgar: etwa 30.– RMB/FEC, 3–4 Tage Fahrzeit (ab/bis Urumqi ähnlich); Fahrkarte bereits 1–2 Tage vorher kaufen! Abfahrt von Turfan frühmorgens am Busbahnhof um ca. 7.00. Der Busbahnhof liegt in der Nähe des Bahnhofes, etwa 1 1/2 Busstunden außerhalb der Oase – Übernachtung am Busbahnhof nötig (einfache Herberge direkt benachbart)! *Alternativ nach Kashgar* (bzw. für die Rückreise): 5 x wöchentlich Flugverbindung ab/bis Urumqi mit Zwischenlandung in Aqsu; 215.– FEC, 3–4 Std. Flugzeit; Tickets ca. 1 Woche im voraus reservieren, am Vortag kaufen!
– Übernachtung –	Während der Überlandfahrt in einfachen Rasthäusern und Herbergen, die vom Bus direkt angefahren werden. Mehrbettzimmer, nach Männern und Frauen getrennt, für ca. 1.– – 2.– RMB/Pers.
– Essen –	Unterwegs sehr einfach, hauptsächlich Garküchen und kleine Essensstände in den Oasen am Weg. Frisches Obst (Melonen, Trauben etc.) fast überall erhältlich. Grundnahrungsmittel sind hier zunehmend Nudeln statt Reis. Wasserflasche für lange und staubige Fahrtabschnitte nicht vergessen!
SEHENSWERTES	*Landschaftsformationen* der Wüste Taklamakan: Geröllwüste, unterschiedliche Färbungen und schroffe Gebirgszüge besonders am 1. und 3. Fahrttag, dazwischen reine Sandwüstenabschnitte. Grünlandschaft der großen Oasen, besonders am 2. und 3. Fahrttag. *Menschen und Leben* in den Oasen am Weg: Uiguren mit Fez bzw. Kopftuch oder Schleier, vereinzelt auch Kasachen; bunte Märkte in den Oasen, mittelalterlich anmutende Handwerksbetriebe (Hufschmiede u.a.), Eselskarren.
SONSTIGES	Gerade im Sommer gefährliche Hitze und Trockenheit: Wasser und Salz mitführen, Kopfbedeckung notwendig.

Steckbrief	**KASHGAR**
TECHNISCHES	
– Anreise –	*Busverbindung* ab/bis Turfan und Urumqi: tägl. frühmorgens, etwa 35.– RMB, 3–4 Tage Fahrzeit – Busbahnhof in Turfan sehr weit außerhalb: Karten vorbuchen, am Busbahnhof übernachten! *Flugverbindung* im Propellerflugzeug über Aqsu nach Urumqi 5 x wöchentlich, 220.– FEC, 3–4 Std. Theoretisch *Überlandverbindung* nach Tibet mit Fernlastern, jedoch anstrengend, riskant und bisher für Touristen offiziell nicht erlaubt.
– Übernachtung –	*Saman Hotel,* ehem. russ. Botschaft, 10.– FEC/Pers. *Qinibah Hotel,* ehem. brit. Botschaft, in Mehrbettzimmern 4.– – 6.– RMB/FEC pro Pers., empf. wert. *Neues Hotel,* nahe des Marktgrundes jenseits des Flusses, 10.– – 15.– FEC/Pers. (Gruppentouristen!).
– Essen –	Zu festgesetzten Zeiten gute Mahlzeiten im Saman Hotel (4.– FEC) und im Neuen Hotel (6.– FEC). Kebab, leckere Fleisch- und Leberspieße sowie Nudelgerichte an den Teeständen und Garküchen am Hauptplatz, links der Id-Kah-Moschee, abends hier Fliegende Händler mit leckeren Backwaren.
– Transport –	Neben Fahrrad (Verleihmöglichkeit in Hotels erfragen) und Schusters Rappen sind in Kashgar Pferde- und Eselskarren günstige Fortbewegungsmittel (etwa 0.50 RMB/km). Vorsicht bei den berüchtigten Springeseln – gut festhalten!!
SEHENSWERTES	
– Stadt –	*Mao-Statue* an der Renmin Lu südlich des Hauptplatzes: eine der wenigen erhaltenen in China! *Id-Kah-Moschee:* größte Moschee in China und Zentrum der Stadt, eindrucksvoll ist die Beobachtung des Gebetes aus der Distanz d. Innenhofes. *Ständiger Markt* (Basar): 1980 wiedereröffnet, am Hauptplatz gegenüber der Moschee in eine abschüssige Gasse einbiegen – in den Altstadtgassen findet sich der Markt wie aus 1001-Nacht! *Wochenmarkt:* Sonntags auf dem Marktgrund am Fluß, riesiger orientalischer Markt für die weite Umgebung mit Vieh, Tabak, Teppichen u.v.a. *Winklige Gassen* der Altstadt: Zwischen Qinibah-Hotel und Hauptplatz, aber auch an und hinter dem ständigen Markt Richtung Fluß – übereinandergetürmte Lehmhäuser, überbaute Gassen, verschleierte Frauen, Werkstätten der Hufschmiede und Töpfer, Freiluftbarbiere etc. – archaische Atmosphäre. *Apag-Hohja-Mausoleum:* etwa 10 km östl. der Stadtmitte (Eselskarren!), farbenprächtiges Heiligtum mit 4 Minaretten und großem Kuppeldach – Grabmal eines politischen und religiösen Führers der Uiguren; daneben interessanter islamischer Friedhof.

Steckbrief	**KASHGAR** (Fortsetzung)
SEHENSWERTES **– Umgebung –**	*Hano-I:* 35 km außerhalb liegende Ruinenstadt (Eselskarren od CITS-Taxi), ehemalige Karawanserei an der Seidenstraße zur Tang-Zeit. *Gaizi:* über 2000 m hoch gelegenes Bergdorf der Minderheit der Kirgisen mit schönen Ausblicken auf die Wüste und das Pamirmassiv. Gelegentlich Busverbindung, ansonsten CITS-Taxi für Gruppe. *Kalakuli-See:* 200 km von Kashgar im Gebirge an der Strecke nach Pakistan. 1 x wöchentl. Busverbindung, sonst LKW-Tramp. Wunderschöne Berglandschaft, schneebedeckte Gipfel, Kamele, Übernachtung in Yurten (kalt!), Permit erforderlich (1985).
SONSTIGES	Besondere Einkäufe: Fellmützen auf dem ständigen Markt, alte handgeschriebene Korane an Buchständen um die Id-Kah-Moschee, Töpfer- und Eisenwaren. Die Grenze zu Pakistan ist offiziell am 1.5.1986 auch für Touristen geöffnet worden, Transportmöglichkeit mit Überlandbus oder mit den Bussen pakistanischer Händler, die in Kashgar Seide und Brokat einkaufen und im Qinibah-Hotel wohnen.

Steckbrief	**DIE MOGAO-GROTTEN BEI DUNHUANG**
TECHNISCHES **– Anreise –**	Bis Dunhuang: *Flüge:* Jiuquan (65.–), Lanzhou (160.–), gelegentlich auch nach/von Beijing. *Busverbindungen:* Liuyuan (an der Bahnlinie Xian – Urumqi, mehrmals tgl., 3 1/2 Std. Fahrt), Golmud (unregelmäßig, 10 – 12 Std. Fahrt, 15.– – 20.–). Gelegentlich auch Mitfahrgelegenheit auf LKW nach Golmud und sogar bis nach Lhasa (in Truckstops herumfragen – siehe »Sonstiges«)! Dunhuang – Mogao-Grotten: *Busverbindung:* um 7.30 und 13.30 Hinfahrt ab Kreisverkehr Dunhuang, um 11.30 und 16.00 Rückfahrt von den Höhlen. *Mit dem Fahrrad* (etwa 25 km einfach): Fahrradverleih in Dunhuang: die Hauptstraße entlang vom Kreisverkehr in westliche Richtung, 1. Abzweig links, Fahrradverleih im Eckhaus.

Steckbrief	**DIE MOGAO-GROTTEN BEI DUNHUANG** (Fortsetzung)
– Übernachtung –	*Dunhuang Hotel,* am Ortsausgang Richtung Mogao-Grotten, preiswerte Unterkunft im Schlafsaal, dessen Existenz aber oft geleugnet wird!! *Dunhuang Guesthouse,* vom Kreisel westlich gehen, 1. Abzweig links, großer Bau auf der rechten Seite. Unfreundliches Personal, Mehrbettzimmer ca. 5.– FEC/Bett. Ein kleines, neuerbautes Chinesenhotel nimmt gelegentlich Touristen auf: Weg wie zum Dunhuang Guesthouse, dann noch etwas weiter gehen, rechts durch einen Torbogen in die Marktgasse, dort im Neubau auf der linken Seite etwa 2.– 3.– RMB im Mehrbettzimmer.
– Essen –	Zu festgesetzten Zeiten Menü im Dunhuang Hotel für 4.– – 6.– FEC. In dem obengenannten kleinen Chinesenhotel befindet sich auch das mit Abstand beste, preisgünstige Lokal (Kontaktmöglichkeit zu Fernfahrern, die hier übernachten!).
SEHENSWERTES	
– Dunhuang –	Im Ort selbst keine nennenswerten Sehenswürdigkeiten! Etwa 5 km südlich, von der Stadt gut sichtbar, liegen gewaltige Treibsanddünen mit einem kleinen »Mondsichelsee« und einer verlassenen Tempelsiedlung. Beschwerlicher, aber lohnender Aufstieg. Schöne Sonnenuntergänge, in der Nähe meist Dromedare. Westlich der Stadt (Fahrrad) liegen die Reste einer alten Seidenstraßenfestung, das Grabmal des Weißen Pferdes Buddhas sowie – in Richtung Shouchang (Ruinenstadt)/Nanhu – die Signaltürme der Han.
– Grotten –	Auch 1000-Buddha-Höhlen genannt; seit dem 4. Jahrhundert entstanden, heute einer der großartigsten Schätze buddhistischer Kunst in China. Mehrere hundert Höhlen, nur etwa 20 – 30 für Touristen zugänglich und das auch nur auf einer geführten Tour. Tickets/Führer im Büro am Bushalt, ein Stück vor den Höhlen. Sehenswert in den Höhlen: Prächtige Wandmalereien und Statuen von Buddhas und Heiligen. Verschiedene Stilepochen erkennbar sowie persische und indische Einflüsse. Im linken Teil der Felswand: eine gewaltige Buddhastatue über mehrere Geschosse, eine der größten der Welt. 1899 wurde eine antike Bibliothek entdeckt mit dem ältesten gedruckten Buch der Welt (9. Jahrhundert). Lohnend ist auch ein Spaziergang in der näheren Umgebung um die Höhlen (Wüste).
SONSTIGES	Öffnungszeiten der Mogao-Höhlen: 8.00 – 11.30, 14.00 – 16.00. Kontakte zu LKW-Fahrern (evtl. Mitfahrgelegenheit nach Golmud/Lhasa): »Truckstops« finden sich an der Umgehungsstraße nordwestlich der Stadt, aber auch in der Straße des Dunhuang Guesthouse.

Steckbrief	**LHASA**
TECHNISCHES	
– Anreise –	*Flüge* ab Chengdu (320.–), Golmud (230.–), Xian (390.–). *Busverbindung* ab/bis Golmud tägl., Fahrtdauern etwa 3 Tage, 50.– RMB. 1 x wöchentlich (ab Golmud Do.). Expressbus: 36 Std. nonstop, sehr anstrengend (Pässe über 5000 m), nur bedingt empfehlenswert. Weitere Überlandverbindungen: Gelegentlich Mitfahrgelegenheit mit LKW (an LKW-Standplätzen erfragen) ab Chengdu (5 – 7 Tage, etwa 100.– RMB) und Golmud (2 – 3 Tage, 30.– – 40.– RMB). Theoretisch auch Mitfahrmöglichkeiten nach/von Kashgar (1 – 2 Wochen) über Shigaze, aber bisher für Touristen illegal und absoluter Abenteuertrip (Vollverpflegung mitnehmen). Im Winter '85/'86 gab es auf dieser Route ungeklärte Todesfälle bei Touristen!
– Übernachtung –	*Banakshol Hotel:* an der Hauptstraße, östlich vom Zentrum, 5.– – 10.– RMB/Bett. *Snowland Hotel:* direkt nördlich des Vorplatzes des Jokhang-Tempels, 5.– – 10.– FEC/Bett. *Di Yi Zhao Dai Suo Guesthouse,* 4.– – 8.– FEC/Bett. Zahlreiche Hotels und Pensionen sind im Aufbau!
– Essen –	Einige kleine Lokale und Imbißbuden in der Hauptstraße, die vom Potala zum Banakshol Hotel führt. Imbißzelte der Tibetaner: Hier gibt es Tschang, das lokale »Gerstenbier«. Gute Küche auch im Banakshol Hotel (Vorsicht beim Yakburger, es gab schon so manche Magen-/Darminfektion!) und besonders im Snowland, wo man die Menge und die Zutaten seines Gerichts völlig frei in der Küche selbst auswählen kann.
– Transport –	In Lhasa gibt es keine Stadtbusse, alle Punkte der Innenstadt sind auch gut zu Fuß zu erreichen. Fahrradverleih: Snowland Hotel, 5.– FEC/Tag. Busse in die nähere Umgebung: vormittags nach Sera und Drepung (je 2 – 3 Busse ab Hauptstraße), zurück am frühen Nachmittag.
SEHENSWERTES	
– Stadt –	*Potala:* Größter Palast der Welt auf einem Hügel in Lhasa, Museum und Pilgerort zugleich, großartige Zeugnisse tibetanischer religiöser Kunst, nur an einigen Tagen und nur vormittags geöffnet. *Jokhang Tempel:* höchstes Heiligtum der Stadt im Zentrum u.a. mit langem Gebetsmühlenumgang, dem Dschowo (schwervergoldeter Buddha) und eindrucksvollen Statuen und Wandmalereien; ständiges Kommen und Gehen der Pilger. Geht mal auf's Dach! *Bakor:* Heiliger Weg rund um den Tempel mit Markt für Reliquien, Vorbetern, sich niederwerfenden Pilgern etc.

Steckbrief	**LHASA** (Fortsetzung)
SEHENSWERTES **– Stadt –**	*Norbulinka:* 6 km westlich vom Stadtzentrum, Sommerresidenz des 7. Dalai Lama mit sehenswertem Palast des 14. Dalai Lama (hervorragende Führung) und schönem Park, wenn auch etwas vergammelt. *Museum:* direkt südlich des Potala gelegen, selten geöffnet, aber sehr sehenswert (tibetanische Trachten, Schmuck, Kultgegenstände etc.). *Altstadt:* Unvergeßliche Beobachtungen beim Bummel durch die Altstadtquartiere um den Jokhang und durch den tibetanischen Markt.
– Umgebung –	*Drepung:* große Klosteranlage aus dem 15. Jahrhundert 8 km westlich von Lhasa, eines der Hauptklöster der Gelukpa-Sekte; 10 m hohe vergoldete Statue des Buddha Maitrija. *Sera:* etwa 5 km nördlich von Lhasa, große Klosteranlage, zahlreiche Mönche, schöner Blick auf die Anlage von den dahintergelegenen Bergen; tägl. außer So. findet am frühen Morgen östlich von Sera (auf der anderen Seite der Bergnase am Fluß) die berühmte Luftbestattung statt: nur aus der Distanz beobachten, absolutes Fotografierverbot!
SONSTIGES	Badehaus: mit Heißwasserbad in der größeren Straße in Verlängerung des Platzes vor dem Jokhang. Geldtausch-schwarz: in einem chines. Lokal bei Taubstummen, bester Kurs, herumfragen!

Tibetanische Reliquien: Donnerkeil, Gebetsmühle und eine Papierrolle mit Gebeten, die in ihr »abgespielt« werden.

Steckbrief	**SHIGAZE**
TECHNISCHES	
– Anreise –	*Busverbindung* ab Lhasa tgl. ca. 6.00 ab dem alten Busbahnhof an der Hauptstraße, etwas östlich des Potala, im Wechsel über die Nord- und Südroute (via Gyangtse). Karten 1–2 Tage vorher kaufen! *Nordroute:* imposante Schneeberge, Paßhöhe mit über 5000 m, einsame Hochebenen. *Südroute:* stundenlange Fahrt entlang an einem der größten und schönsten Seen Tibets, abgelegene Dörfer, Tibetanerstädtchen Gyangtse, 2 Pässe. Zu etwa gleichen Konditionen Mitfahrmöglichkeit auf LKW (an Standplätzen herumfragen!). Zwischen Shigaze und der Grenze nach Nepal bestehen unregelmäßige Verbindungen mit LKW oder – teuren – Touristenjeeps. Theoretisch Mitfahrgelegenheit auf LKW nach Kashgar, aber anstrengend und illegal!
– Übernachtung –	Gästehaus Nr. 2 in der chinesischen Neustadt, billige Unterkunft in Mehrbettzimmern. Ebenso in einem tibetanischen Pilgerhotel direkt gegenüber des Klosters Tashilumpo.
– Essen –	Mahlzeiten zu festgesetzten Zeiten im staatl. Gästehaus Nr. 2. Einige sehr einfache Lokale entlang der Hauptstraßen, gutes Essen besonders in einem winzigen Privatlokal (eigentlich nur eine Bretterbude!): vom Gästehaus nach links, über die Kreuzung und geradeaus, dann nach etwa 200 m auf der linken Straßenseite. Nudel- und Teestände um den freien Bauernmarkt mit tibetanischem Essen (Mow Mow, Tschang).
SEHENSWERTES	
– Stadt –	*Tibetanische Altstadt:* um den freien Bauernmarkt. Ursprüngliche Struktur einer tradit. tibetanischen Stadt – enge, unbefestigte Gassen, mauerumschlossene Höfe mit tradit. kubischen Häusern, Gebetsfahnen und magische Formeln über Eingängen, freundlich-neugierige Tibetaner, mächtige Yaks ... *Freier Bauernmarkt:* im Herzen der Stadt. Feste Stände am Marktplatz, drumherum Warenangebot am Straßenrand. Nahrungsmittel, Hausrat, Schmuck und religiöse Gegenstände etc. Gute Beobachtungsmöglichkeit von Marktgängern und Händlern in unterschiedlichen Trachten, besonders Kopfbedeckungen. *Kloster Tashilumpo:* Hauptkloster der Gelbkappensekte aus dem 15. Jahrh., ursprünglicher Sitz des Panchen Lama, heute größte und schönste erhaltene Klosteranlage in Tibet mit 600 Mönchen. Mehrere Einzelgebetshallen, riesiger Tangkaturm im rechten Klosterbereich, Beerdigungsstupa des 4. Panchen Lama, Statue des Buddha Maitreya.

Steckbrief	**SHIGAZE** (Fortsetzung)
SEHENSWERTES **– Umgebung –**	*Gyangtse:* 2 – 3 Std. Fahrt mit Bus/LKW auf der Südroute nach Lhasa; sehr ursprüngliche tibet. Kleinstadt, Dzong (Palastruine), Reste der Klosteranlage mit vieleckiger Pagode; Übernachtungsmöglichkeit im staatlichen Gästehaus. *Sha Lu Kloster:* etwa 20 km außerhalb von Shigaze, sehr schöne Buddhastatuen im Hauptraum.
SONSTIGES	Einkäufe: auf dem freien Bauernmarkt noch bessere Einkaufsmöglichkeit als in Lhasa für Kupfergefäße, Reliquien und Schmuck. Handeln! Man bedenke jedoch, daß die Ausfuhr von Antiquitäten ohne Zertifikat verboten ist! Kleine Geschenke: Wie überall in Tibet kann man auch hier den gastfreundlichen Einheimischen große Freude machen mit einem Foto des Dalai Lama (daheim aus Buch abfotografieren!).

Steckbrief	**CHENGDU**
TECHNISCHES **– Anreise –**	*Flüge* z.B. Beijing (295.–), Guangzhou (200.–), Guilin (140.–), Lhasa (320.–), Shanghai (290.–). Bahnverbindung z.B. Beijing (33 Std., 100.– Hardsl.) Guangzhou (40, 120.–), Shanghai (35, 110.–), Xian (23, 65.–). *Überlandverbindung* besteht gelegentlich auch nach Lhasa mit Fernlastern, bisher nicht für Touristen freigegeben, aber schon mehrfach erprobt!
– Übernachtung –	*Jin Jiang Hotel,* Renmin Nanlu; großes Touristenhotel mit allen Einrichtungen und preiswerter Übernachtung in gemütlichen Mehrbettzimmern (8.– FEC/Pers.); angeblich fast immer ausgebucht, aber meist ist tatsächlich noch etwas frei – hartnäckig bleiben! *Dong Feng Daxia*, Dong Feng Lu; Chinesenhotel mit preiswerten Mehrbettzimmern. Außerdem gibt es noch ein mysteriöses »Tiefparterre-Hotel« in der Stadt, Name »Black Cat« oder ähnlich – herumfragen!
– Essen –	Gute Privatlokale in der Altstadt, westlich der Hongxin Lu und südlich der Xinhua Lu, teils auch Freiluftrestaurants. Sehr gute Küche im Restaurant d. Dong Feng Daxia.
– Transport –	*Gutes Stadtbusnetz,* z.B. Bus 1 und 4 (blau) sowie 2, 25, 28 (rot) zum Bahnhof, Bus 3 zum Busbahnhof nach Leshan/Emeishan, Bus 5, 17, 25 (rot) zum Überland-Busbahnhof. *Fahrradverleih* im Jin Jiang Hotel.

Steckbrief	**CHENGDU** (Fortsetzung)
SEHENSWERTES **– Stadt –**	*Altstadt:* Gebiet westlich der Hongxin Lu und südlich der Xinhua Lu, Marktstraßen mit buntem Straßenleben, kleine Handwerksläden und Teehäuser etc. *Straßenmärkte:* z.B. südöstlich des Jin Jiang Hotels – über den Fluß, dann 2. Straße links abbiegen und immer geradeaus Richtung Busbahnhof. *Parkanlagen:* Sehr schön sind der Du Fu Yuan (teilweise naturbelassen), der Wangjiang Lou Yuan (Zedernholz-Pavillon, Teehaus, kaiserliche Grabgewölbe) und der Nan Jiao Park mit hübschen Pavillons und einem künstlichen See. *Zoo:* nordöstlich des Bahnhofes (Expressbus von dort!), weitläufig und für chinesische Verhältnisse gepflegt und mit guter Tierhaltung, zahlreiche Panda-Bären! *Wen Shu Kloster:* tgl. 17.00 buddhist. Zeremonie.
– Umgebung –	*Tempel* des klaren Erwachens (Bao Guang Si): 20 km nördlich von Chengdu mit 30 m hoher Stupa, 500 eindrucksvollen Lohan-Figuren und einer riesigen Buddhastatue. *Wasserverteilungssystem* Dujiangyan: Busse stdl. ab Westtor, Fahrzeit 1 1/2 Std.; 250 v. Chr. errichtete Wasserverteilungsanlage, noch heute in Betrieb (bewässert 6.5 Mio m^2 Land!). *Leshan:* Kleines Städtchen, 165 km südlich Chengdu mit der größten Buddhastatue der Welt (70 m hoch, aus einer Felswand gehauen). Mehrmals täglich Busse ab Chengdu, etwa 5 Std. Fahrzeit; Übernachtungsmöglichkeit; kann mit Emeishan verbunden werden (siehe »Steckbrief – Emeishan«).
SONSTIGES	Informationen: CITS im Jin Jiang Hotel Paketversand nach Europa: Post im Jin Jiang Hotel. Public Security Office: Xinhua Lu, eine der freundlichsten Dienststellen in ganz China, sogar mit deutschsprechenden Mitarbeitern!

Steckbrief	**BESTEIGUNG DES EMEISHAN (4050 m)**
TECHNISCHES	
– Anreise –	*Eisenbahn* ab Chengdu: mehrmals täglich nach Emei-Stadt (etwa 3 Std. Fahrzeit), von dort Busse nach Baguo am Fuße des Emeishan. *Busverbindung* ab Chengdu: Direktbus (etwa 5 Std.) bzw. Verbindung über Leshan (größter Buddha der Welt!) nach Baguo.
– Übernachtung –	Emei-Stadt (nur bei später Ankunft!): Emeishan-Hotel. Baguo (Ausgangspunkt für die Bergbesteigung): Zimmer im Baguo Si Tempel (am Ortsende rechterhand, intensive Atmosphäre, etwa 4.– RMB/Bett), Hongzhushan Hotel (Mehrbettzimmer, etwa 6.– FEC/Bett), diverse kleine Pensionen. Beim Aufstieg: Übernachtungsmöglichkeiten am Weg in Bergklöstern (z.B. Tempel des badenden Elefanten) – einfache Pritschen, etwa 1.– RMB.
– Essen –	Baguo: einfaches Essen im Tempel, einige Privatrestaurants, Einkaufsmöglichkeit für Marschverpflegung (Nüsse, Schokolade, Früchte o.ä.). Beim Aufstieg: zahlreiche Teestände mit Getränken und warmen Speisen sowie Tempelkantinen zur Versorgung der zahlreichen Pilger.
– Weg-beschreibung –	Ab Baguo kann bis zu einer Höhe von etwa 3500 m mit Minibus gefahren werden (Abfahrt ca. 7.00, Rückfahrt gegen Mittag). Sportliche bevorzugen Auf- und Abstieg ab Baguo. Zwei mögliche Routen: Nordpfad (etwa 45 km) und Südpfad (etwa 65 km). Beide Pfade treffen sich am Tempel des badenden Elefanten (Übernachtungsmöglichkeit). Minimum für Auf- und Abstieg: 3 Tage. Z.B.: 1. Tag: Aufstieg Nordroute bis Tempel des badenden Elefanten; 2. Tag: Aufstieg zum Gipfel, Rundwanderung, Sonnenuntergang, Übernachtung im Gipfelkloster; 3. Tag: Sonnenaufgang, Abstieg nach Baguo über Südroute (evtl. nochmals übernachten in einem Tempel am Weg!)
SEHENSWERTES	Vegetationsformen der südchinesischen Berge bis hinauf zum Gipfel: Bergregenwald, üppig überwucherte senkrechte Felswände, Nadelwald. Bergklöster und Bergtempel. Eindrucksvolle Landschaft mit Bergbächen in engen Schluchten, weiten Ausblicken ins Tal und tiefen Steilabfällen. Sonnenauf- und -untergang am Gipfel bei guter Wetterlage, Gipfelpanorama mit Blick bis zu den schneebedeckten Bergen von Tibet. Begegnungen mit einheimischen Pilgern, teilweise auch tibetanischen Familien. Bei besonderer Wetterlage kann man kurz vor dem Gipfel den eigenen Schatten in der frühen Morgensonne auf tief liegenden dichten Wolkenschichten erkennen!

Steckbrief	**BESTEIGUNG DES EMEISHAN (4050 m)** (Fortsetzung)
SONSTIGES	Zum Aufstieg ist eine »Hiking Permission« erforderlich – für 1.– RMB im Baguo Si Tempel erhältlich. Gute Streckenkarten gibt es ebenfalls im Baguo Si Tempel sowie im Jin Jiang Hotel in Chengdu. Kleidung: wetterfeste und regenabstoßende Kleidung nötig, unterhalb der Wolken oft Regen, darüber empfindliche Kälte möglich. Schlafsack nicht unbedingt nötig, Bettzeug in Klöstern! Sonstige Ausrüstung: Festes Schuhwerk, Wasserflasche, notwendige Medikamente (Zerrungen, Verstauchungen etc.), Wecker (Sonnenaufgang!). Am Weg: Verkauf von Heilkräutern der Region, Trockenpilzen etc. Oberhalb des Tempels des badenden Elefanten: aggressive Pavianherden, Knüppel bereithalten! Ein Großteil der Pfade besteht aus unregelmäßigen, sehr anstrengenden Steintreppenwegen, beim Aufstieg ist richtiger Atemrhythmus wichtig, beim Abstieg besteht Gefahr der Überanstrengung der (Knie-)Gelenke.

Steckbrief	**KUNMING**
TECHNISCHES	
– Anreise –	*Flüge* z.B. ab Beijing (361.–), Shanghai (284.–), Guangzhou (163.–), Guilin (109.–), Chengdu (84.–). Eisenbahn z.B. ab Beijing (60 Std., 145.– Hardsleeper), Shanghai (70, 155.–), Guangzhou (60, 150.–), Guilin (30, 80.–), Chengdu (25.–, 60.–).
– Übernachtung –	*Kunming Hotel,* Dongfeng Donglu 145, T 25286: großes Touristenhotel mit allen Einrichtungen, Schlafsaal in der ehemaligen Dachbar – 8.– bis 10.– pro Bett, Treff + Info. *Kunhu Hotel,* Beiying Lu: Chinesenhotel in zentraler Lage, 6.– pro Bett im Mehrbettzimmer. *Cuihu* (Greenlake-)Hotel am Cuihu Park: modernes Touristenhotel, 6.– im Mehrbettzimmer.
– Essen –	Kitchen School, Dongfeng Donglu, ca. 200 m östlich Kunming Hotel: Kochschule mit hervorragendem Restaurant, großer Speisenauswahl und englischer Karte. Olympic Bar, östlich Kitchen School: 50er-Jahre Design, Rock'n Roll Atmosphäre. Nachtmarkt, in der Parallelstraße zur Dongfeng Xilu, die auf das Museum zuführt: ab ca. 18.00 Essensstände mit großer Auswahl und frischer Zubereitung zu Spottpreisen: Schlange, Hund, Schnecken, Küken, aber auch weniger Exotisches. Essensstände abends auch neben Kunhu Hotel. Vietnamesisches Kaffeehaus, Jinbi Lu, nördliche Seite: Französische Brötchen und guter Kaffee.
– Transport –	Gutes Stadtbusnetz, z.B.: Busse 2, 23, 29 zum Bahnhof, Bus 4 zum Kunming-See, Bus 2 zum Cuihu-See.

Steckbrief	**KUNMING** (Fortsetzung)
SEHENSWERTES	
– Stadt –	*Yunnan Provinzmuseum:* Guter Überblick über die Minderheitenvölker in Yunnan, ihr Alltagsleben und Kunsthandwerk. *Cuihu Park:* Künstliche Seen und Pavillons. *Yuantong Tempel:* Schönste Tempelanlage der Stadt. *Zoo:* klein, aber für China relativ gepflegt! *Straßenmarkt:* lebhafter Markt täglich in der Parallelstraße südlich der Dongfeng Lu, die auf das Museum zuführt. *Erhaltene Altstadtviertel:* westlich des Kanals zwischen Jinbi Lu und Dongfeng Lu.
– Umgebung –	*Bambustempel:* schöner Tempel mit bizarren Skulpturen nördlich der Stadt, Halbtagestour. *Dian Chi* (Kunming-) See mit Drachentorfelsen: Aussichtspunkt mit Felsentempelchen, Halbtagestour mit Stadtbus. *Steinwald* (Shilin): 1- bis 2-Tagestour mit Überlandbus (Fahrkarte gegenüber Kunming Hotel).
SONSTIGES	Chinesische Oper: Täglich 14.00 und 20.00 in einem alten Tempel direkt östlich des Kanals, etwas nördlich der Changchun Lu. Fragen! Buchladen/Antiquitäten: Ecke Dongfeng/Qingnian. Fremdenpolizei: Beijing Lu, unmittelbar nördlich der Kreuzung mit der Jinbi Lu, rechte Seite. Stadtkarte/Busnetz: Im Kunming Hotel erhältlich.

Besonders die Minderheitenvölker in Yunnan sind berühmt für ihre Textilien und feinen Stickereien, wie diese Stücke der Bai und Sani belegen.

Steckbrief	**SHILIN UND DER STEINWALD**
TECHNISCHES	
– Anreise –	*Busverbindung* ab Kunming täglich 7.00 und 8.00 ab Busbahnhof, aber auch ab Taxistand gegenüber Kunming Hotel (Fahrkarte am Vortag kaufen, einfach etwa 4.– RMB). Nur eine einfache Fahrkarte kaufen, denn Rückfahrkarten gelten nur am selben Tag und der Steinwald ist mindestens einen 2-Tagesausflug wert! Karten für die Rückfahrt sind in Shilin problemlos für die mehrmals täglich nach Kunming startenden Busse zu erhalten (Abfahrt Shilin 7.00, 12.00, 15.00). Fahrzeit ab Kunming etwa 3 1/2 Std. (120 km).
– Übernachtung –	*Stone Forest Hotel* im Tal gegenüber des Dorfes Shilin: modernes Touristenhotel, preiswerte Übernachtungsmöglichkeit in Mehrbettzimmern. *Chinesenhotel:* großer Bau gleich am Ortseingang linkerhand, oberhalb des Busbahnhofes, schönster Blick vom obersten Stock auf die Umgebung, Doppelzimmer etwa 5.– – 6.– RMB.
– Essen –	Kleine Essensstände und Garküchen linkerhand von der Brücke zum Stone Forest Hotel/Steinwald. Restaurants mit festgelegten Essenszeiten in den beiden Hotels (etwa 4.– – 6.–/Menü). Beim Bummel durch das Dorf Shilin werden Einzeltouristen des öfteren von den äußerst gastfreundlichen Sani zum Tee oder auch zum zünftigen Essen eingeladen. Oft dienen diese Einladungen auch dazu, dem Touristen die eigenen Handarbeiten zu zeigen, in der Hoffnung auf ein kleines Geschäft. Man nutze dies nicht allzusehr aus, aber ein unvergeßliches Erlebnis ist ein solcher Besuch bei einer bäuerlichen Familie immer!
SEHENSWERTES	
– Shilin –	Traditionelles und ursprüngliches Dorf der Sani-Minorität, Beobachtung des bäuerlichen Alltagslebens, malerisches Bild der geschlossenen Ortschaft mit stroh- und ziegelgedeckten Lehmbauten. Frauen in bunter Tracht, neugierige Kinder und schwarze Hängebauchschweine. Schöne Motive am Ufer des kleinen Teiches, um den sich das Dorf gruppiert.
– Steinwald –	*Innerer Steinwald:* Touristisch erschlossener Bereich direkt hinter dem Dorf Shilin. Besonders bizarre und dicht stehende Karstfelsen, zwischen denen sich der befestigte Weg an kleinen Teichen vorbeischlängelt. Besondere Felsformationen mit eigenen Namen (z.B. »Nashorn, zum Mond aufschauend«). Viele – vor allem chinesische – Touristen, besonders um die Mittagszeit, aber absolut sehenswert! Schöne Aussichtspavillons! *Äußerer Steinwald:* Auf zahlreichen Pfaden und auch auf einem geschlossenen Rundweg läßt sich das Gebiet um den Inneren Steinwald erwandern. Auch hier schöne Felsformationen, keine Touristen mehr, dafür Sani, die ihre Büffel weiden lassen. Schöne Ausblicke in die Landschaft!

Steckbrief	**SHILIN UND DER STEINWALD** (Fortsetzung)
SONSTIGES	Allabendlich Tanzvorführung der Sani im Stone Forest Hotel: touristisch, aber doch recht authentisch und sehr fröhlich! In Shilin: beste Einkaufsmöglichkeit für die feinen Stickereien der Sani (teils sehr bunt, teils weiß auf schwarzem Grund) bei den Frauen des Dorfes (kleine Decke etwa 10.– RMB). Eine schöne Karte mit Erklärungen zum Steinwald ist im Laden des Stone Forest Hotel erhältlich.

Steckbrief	**DALI UND UMGEBUNG**
TECHNISCHES	
– Anreise –	*Busverbindung* ab/bis Kunming täglich 6.30 Uhr, 11 Std. Fahrt, etwa 14.– RMB. Busse ab Kunming: Busbahnhof West und auch Kunhu Hotel (Letzterer fährt direkt zum Gästehaus in Dali) – Kartenvorverkauf jeweils dort. Theoretisch Busverbindung Dali – Simao, im Frühjahr '86 jedoch noch nicht für Touristen geöffnet – häufige Kontrollen!
– Übernachtung –	*Guesthouse No. 2* in der Ortsmitte von Dali – einzige Übernachtungsmöglichkeit für Touristen – freundliches Personal, Betten zu 2.– – 5.– RMB. Die Zimmer im alten Flügel sind gemütlicher, die Duschen liegen jedoch im neuen Flügel!
– Essen –	Generell sehr preiswertes und abwechslungsreiches Speisenangebot, teils auch schon etwas dem Geschmack der Rucksacktouristen angepaßt (Italian Noodles, Rösti)! ! Neben einigen staatlichen und auch Moslem-Restaurants an der Hauptstraße sehr empfehlenswerte kleine Privatrestaurants: Peace-Cafe, gleiche Straße wie Guesthouse, etwa 200 m östlich; Garden-Restaurant, Yuer Lu; Coca Cola Restaurant(!), schräg gegenüber dem Guesthouse (hier auch evtl. einzige Möglichkeit zum Schwarztausch in Dali). Empfehlenswert sind auch die leckeren Backwaren in Dali, bis spät am Abend von den Bäckereien in der Hauptstraße verkauft.
– Transport –	Alle Ziele in der Stadt Dali selbst und auch in der näheren Umgebung (zum See ca. 3 km, zu den 3 Pagoden ca. 2 km) sind mühelos zu Fuß zu erreichen, ansonsten: Fahrradverleih im Guesthouse (etwa 4.– RMB/Tag) oder nebenan im Happy Bike Shop (Besitzer lebte einige Jahre in Singapur, spricht Englisch). Busse nach Shaping, Xizhou oder Xiaguan etwa stündlich, an der Landstraße westlich der Stadt stoppen.

Steckbrief	**DALI UND UMGEBUNG** (Fortsetzung)
SEHENSWERTES **– Stadt –**	*Gesamte Innenstadt* mit typischen kleinen Stadthäusern, Kopfsteinpflaster und den mächtigen Stadttoren, mit mittelalterlicher Architektur und den Werkstätten der kleinen Handwerker. *Die drei Pagoden,* das Wahrzeichen von Dali – am Eingang günstigste Einkaufsmöglichkeit für Dali-Marmor. Sehenswert auch das benachbarte Dorf der Marmorschleifer und -schnitzer. *Marmorfabrik,* kurz hinter dem nördlichen Stadttor: Einblicke in die Marmorverarbeitung und in die Arbeitsbedingungen in einer kleinen chinesischen Fabrik.
– Umgebung –	*Shaping:* wunderschön am See gelegenes Landstädtchen der Bai, 1 x wöchentlich (Mo.) größter Markt der Umgebung: unbedingt sehenswert und gute Einkaufsmöglichkeit für Kunsthandwerk. *Xizhou:* fast mittelalterlich anmutendes Städtchen mit prächtigen Häusern der Bai; am See ein großes Fischerdorf – wunderschöne Szenen am frühen Morgen. *Washe:* Fischerdorf auf der gegenüberliegenden Seite des Erhai-Sees, unregelmäßige Fährverbindung (Markttag), sehr ursprünglich. *Gantong-Tempel:* Etwa 4 km südlich Dali im Dorf Guanyin schöne Tempelanlage, etwa 3 km außerhalb im Wald am Hang des Cangshan liegt der Guantong-Tempel, freundliche Mönche! *Cangshan-Massiv* (4100 m): Auf- und Abstieg sind für Guttrainierte in etwa 12 Stunden machbar, wunderschöne Ausblicke und Vegetation.
SONSTIGES	Karten: erhältlich im Guesthouse und im Kunhu-Hotel in Kunming. Öffentliches Badehaus nahe Guesthouse: heißes Bad in der Marmorwanne für ein paar Pfennig. Teegarten neben dem Kino: Entspannen und Chinesen beim Schach- und Kartenspiel beobachten!

Selbst Flaschenetiketten können in China interessante Sammelobjekte sein. »Pi Jiu« heißt übrigens Bier! Eines der besten in China wird in Tsingtao gebraut.

Steckbrief	**XISHUANGBANNA**
TECHNISCHES	
– Anreise –	*Flüge* ab Kunming nach Simao: 5 x wöchentlich, 42.– FEC einfach, ca. 1 1/2 Std. Flugdauer. Rückflug in Simao rechtzeitig reservieren! *Busverbindung* ab Kunming über Yuxi, Puer nach Simao: tägl., ca. 3 Tage Fahrzeit, 20.– RMB. (Interessanter Zwischenstop bzw. Abstecher: Tonghai – in Dörfern der Umgebung leben noch Mongolen in Tracht und mit Dschingis Khan Statuen im Tempel!).
– Übernachtung –	*In Simao:* staatl. Gästehaus, Doppelzimmer 6.– FEC. *In Jinghong:* staatl. Gästehaus (Diyi Zhaodaisuo) am Ufer des Mekong, am Schönsten: ältere Gebäude am Fluß (No. 1 u. 2), Doppelzimmer 10.– FEC. *In Damenlong:* einfache Herberge an der Straßenkreuzung, Mehrbettzimmer mit 6 Betten zu je 1.– RMB, keine Toilette (öffentliche »Toilette« an der Straße zum Kloster). *In Menglan:* einfaches Gästehaus.
– Essen –	Äußerst einfach, aber durchaus schmackhaft: in dieser Region werden die Speisen nicht frisch zubereitet, sondern vorgekocht, kalt angeboten und dann nur kurz aufgewärmt. Spezialität: Tropische Flußfische. *In Simao:* gutes Restaurant an der Hauptstraße, etwa 300 m vom Gästehaus Richtung Markt. *In Jinghong:* Freiluftrestaurants am Ende des Marktes, u.a. mit gutem Fisch. *In Damenlong:* Essensstände an der Straße zum Kloster.
– Transport –	Simao – Jinghong: Bus tgl. 7.00 ab Busbahnhof etwa 8 Std. Fahrt. Jinghong – Damenlong: Bus tgl. etwa 6.30 am südlichen Ortsausgang; keine feste Abfahrtszeit, Bus startet, wenn voll; etwa 4 Std. Fahrt. Jinghong – Menglan: Flußschiff Sa., zurück So. Jinghong – Jinuo: Bus tgl. 7.00 ab Busbahnhof. Für Ausflüge in die nähere Umgebung von Jinghong: Farradverleih im Gästehaus (1.– FEC/Std.)
SEHENSWERTES	
– Simao –	Keine besonderen Sehenswürdigkeiten, nur Zwischenstop.
– Jinghong –	*Gedeckter* Markt: Daifrauen beim Verkauf von Fisch, Gemüse, Obst (gute Ananas!) etc. *Flußufer des Mekong:* Bootsverladung etc. *Nahegelegene Daidörfer:* zu Fuß direkt östlich der Stadt in Flußnähe, dort auch schönes Wäldchen! *Entferntere Daidörfer* (Fahrrad, ca. 10 km): südlich am Weg nach Damenlong, nach der Flußbrücke erstes Dorf rechts und erstes Dorf links!

Steckbrief	**XISHUANGBANNA** (Fortsetzung)
SEHENSWERTES	
– Damenlong –	*Sonntagsmarkt:* Einheimische, besonders Frauen in verschiedenen Trachten, So. auch Hochbetrieb in der Färberei am nördlichen Ortsende (rechterhand). *Umliegende Dörfer* der Dai: nördlich und südlich an der Hauptpiste, etwa 1 Std. zu Fuß. Im nördlich gelegenen Dorf schöner Tempel und große Stupa auf dem Hügel oberhalb des Ortes (schöner Blick!).
– Menglan –	*Sonntagsmarkt*
– Jinuo –	In der Umgebung Dörfer des Jinuo-Volkes, trad. Kapuzentracht der Frauen aber nur noch selten!
SONSTIGES	*Wasserfest* der Dai: alljährlich im Frühjahr (März, April), Bittfest um Regen für eine gute Sommerernte; ausgelassene Wasserspritzerei, Bootrennen etc., Reisepermit u.U. schwierig! *Malaria:* in diesem Gebiet offiziell ausgerottet, Prophylaxe aber empfehlenswert (Resochin) ebenso wie Insektenschutz (Autan, Tigerbalsam) allgemein. *Wanderungen:* gute Möglichkeiten im Gebiet um Damenlong auch zu mehrtätigen Touren (Dörfer auch anderer Volksgruppen, z.B. Bulang), bisher aber für Touristen verboten. *Tierwelt:* Im Dschungel gibt es Affen, auch Leoparden und angeblich Elefanten. Dem Reisenden zeigen sich in der Regel aber nur die Ersteren!

Steckbrief	**GUILIN UND YANGSHUO**
TECHNISCHES	
– Anreise –	nach Guilin: *Flüge* z.B. Beijing (230.–), Chengdu (140.–), Kunming (109.–), Shanghai 165.–), Xian (155.–). Bahnverbindung z.B. Beijing (30 Std., 100.– Hardsleeper), Kunming (30, 100.–), von Chengdu und Xian keine Direktverbindung – Umsteigen in Guiyang nötig!
– Übernachtung –	*Guilin:* Osmanthus Hostel, Zhongshan Nanlu, zw. Bhf. und Innenstadt, preiswerte Mehrbettzimmer. Guilin Hotel, Ecke Zhongshan Nanlu/Nahuan Lu, einfaches Hotel, nicht sehr sauber, Travellertreff. *Yangshuo:* Xi Lang Hill International Hostel, preiswerte Übernachtung, in Mehrbettzimmern, im DZ 10.– FEC, guter Service und gute Einrichtungen. Neues einfaches Travellerhotel: direkt gegenüber Busbahnhof, 5.– FEC/Pers. in Mehrbettzimmer.

Steckbrief	**GUILIN UND YANGSHUO** (Fortsetzung)
– Essen –	*Guilin:* Zahlreiche Imbißstuben und kleine Lokale in der Zhongshan Nanlu, empfehlenswert auch das Yueya Restaurant im Qixing Park. *Yangshuo:* Mehrere gemütliche Restaurants in der Straße zw. Busbahnhof und Touristenanlegesteg, teils auch schon sehr auf Travellergeschmack eingestellt (Hamburger, Pancake, Cat Stevens Musik!).
– Transport –	In Guilin: gutes Stadtbusnetz, z.B. Bus 3 zw. Rohrflötenhöhle, Innenstadt und Bahnhof. *Von Guilin nach Yangshuo:* mehrmals tgl. Überlandbus (2 Std., 4.–), aber viel empfehlenswerter: Flußfahrt auf dem Li-Fluß (ganzjährig möglich, im Winter muß aber ein Teilstück wegen Niedrigwassers per Bus zurückgelegt werden). Tgl. zw. 7.00 und 8.00 Abfahrt der Boote am Elefantenpier, Guilin. Fahrtdauer etwa 6 Std., Verpflegung in manchen Fahrpreisen enthalten. Tickets am Vortag besorgen: 25.– – 40.– an versch. Verkaufsstellen, bes. um das Lijiang Hotel. Handeln manchmal möglich! Näheres zur Flußfahrt: siehe »Sehenswertes«! *In Yangshuo:* alle Ziele im Ort zu Fuß erreichbar, für Ausflüge: Fahrradverleih (etwa 2.50 RMB/Tag) an Hotels, dort auch Chartermöglichkeit für Boote.
SEHENSWERTES **– Stadt Guilin –**	*Rohrflötenhöhle* im Nordwesten der Stadt: sehr schöne Tropfsteinformationen (Busse 3 und 13). *Qixing Park:* große Parkanlage im Osten der Stadt mit Tempelchen und Tropfsteinhöhle. *Besteigbare Karstfelsen* im Stadtgebiet (schöne Sonnenuntergänge!): Duxiufeng, Fuboshan. Ansonsten keine Sehenswürdigkeiten, Guilin ist nur Durchgangsstation z.B. nach Yangshuo!
– Flußfahrt –	*Landschaft:* Reisfelder und Flußtaleinschnitte zwischen bizarren Einzelfelsen und Felsgruppen. *Vegetation:* tiefgrüne Reisfelder, Bambusgehölze am Fluß, überwucherte senkrechte Felswände. *Dörfer am Fluß:* traditionelle Bauernhäuser. *Leben am Wasser:* Kormoranfischer, Fährleute, Waschfrauen, spielende Kinder am Ufer.
– Yangshuo –	Malerische Ortslage, vielfältige Entdeckungen beim Bummel durch die winkligen Gassen. Kleine Fußwanderungen in die Umgebung, z.B. über die große Flußbrücke, dahinter rechts ein typisches Dorf vor der Karstfelskulisse. Radtouren, z.B. am Busbahnhof vorbei den Ort verlassen, durch die Reisfelder immer der Landstraße entlang, bis rechterhand Souvenirstände auftauchen: hinter ihnen finden sich ein über 1300 Jahre alter Banyanbaum und ein Dorf am Teich.
SONSTIGES	Die Fahrt auf dem Li-Fluß ist auch von Yangshuo nach Guilin möglich: kaum Touristen und nur 12.– FEC Fahrpreis! Buchung über CITS.

<table>
<tr><td>Steckbrief</td><td>FLUSS-SCHIFFVERBINDUNGEN IN CHINA</td></tr>
<tr><td>TECHNISCHES
– Linien –</td><td>– Auf dem Yangtsekiang von Chongqing über Wuhan nach Shanghai (die durchgehende Fahrt ist voraussichtlich ab 1987 nicht mehr möglich wegen Bau eines Staudamms!):
Abfahrt ab Chongqing tgl. 7.00 vom Chaotianmen-Pier, Tickets bei CITS (nur 1.– 3. Klasse) oder direkt beim Chaotianmen-Pier. Fahrtdauer bis Wuhan 3 – 5 Tage.
Von Wuhan nach Shanghai tgl. 20.00, Tickets bei CITS oder bei der Hafenverwaltung, Yangjiang Dadao 80, Hankou; Fahrtdauer etwa 2 Tage.
Fahrpreise: Großes Preisgefälle zwischen Touristenluxusschiffen und Flußfähren (direkt im Hafen buchen!): 3. Klasse (8-Bett-Kabine) recht preiswert.
Chongqing – Wuhan: 25.– (4. Kl.) – 110.– (1. Kl.).
Wuhan – Shanghai: 15.– (5. Kl.) – 100.– (1. Kl., CITS).
– Auf dem Perlfluß von Nanning über Wuzhou nach Guangzhou (oder direkt: Nanning – Guangzhou): Abfahrt ab Nanning tgl. ca. 20.00 nördlich der großen Brücke über den Perlfluß; Tickets nach Wuzhou ca. 13.– am Anlegeplatz; Fahrtdauer bis Wuzhou ca. 36 Std.
Wuzhou – Guangzhou: mehrmals tgl., z.B. 15.00. Tickets oberhalb des Anlegers ca. 5.–; 15 Std.
– Auf dem Perlfluß von Guangzhou nach Macao:
Boote tgl. ab Zhoutouzi – Dock (Bus 10), ca. 12 Std. Fahrzeit, 5.– – 10.– RMB.
– Auf dem Kaiserkanal von Yangzhou nach Hangzhou: Mehrmals tgl. über Changzhou und Wuxi (Stopover empfehlenswert) nach Suzhou, von dort tgl. 5.30 und 17.30 nach Hangzhou (ca. 15 Std., 4.– RMB im Hardsleeper in 4-Bett-Kabine).</td></tr>
<tr><td>– Übernachtung –</td><td>Oft kann schon am Abend vor Abfahrt an Bord gegangen werden (Einsparung einer Hotelübernachtung).
An Bord: Dichtaneinandergereihte Schlafpritschen in der untersten Klasse, ansonsten Mehrbettkabine in 4., 3., 2. Kl. – Doppelkabine in der 1. Klasse.</td></tr>
<tr><td>– Essen –</td><td>Für ausreichend Verpflegung ist auf allen Flußschiffen gesorgt: Oft gibt es Kioske an Bord für Snacks und Getränke, zu festen Zeiten serviert die Bordküche warme Mahlzeiten. Oft werden zuvor Essensmarken vom Schiffspersonal verkauft – nicht versäumen!
Das Essen ist in der Regel recht gut und frisch zubereitet. Obst und besondere Lieblingsspeisen sollte man allerdings mitbringen!</td></tr>
<tr><td>SEHENSWERTES</td><td>Landschaften am Fluß: besonders sehenswert z.B. auf der westlichen Yangtse-Teilstrecke von Chongqing nach Wuhan (Schluchten von Wushan).
Oft sind Stopovers in kleineren, für Touristen geöffneten Orten an der Strecke möglich.</td></tr>
</table>

Steckbrief	**FLUSS-SCHIFFVERBINDUNGEN IN CHINA** Fortsetzung)
SEHENSWERTES	*Das Leben auf dem Fluß:* Warenverkehr, Dschunken und Frachtkähne auf größeren Flüssen; Fischer, waschende Frauen und spielende Kinder am Ufer, malerische Flußdörfer. *Atmosphäre an Bord und Kontakte zu mitreisenden Chinesen:* besonders auf kleinen Schiffen sehr intensiv, manchmal trifft man sogar englischsprechende Studenten; Wörterbuch/Sprachführer mitbringen!
SONSTIGES	Vorsicht vor Sonnenbrand im Sommer auf Südchinas Flüssen; die Einstrahlung ist trotz des kühlenden Fahrtwindes sehr intensiv! Eine der schönsten Flußfahrten in China, vielleicht die schönste überhaupt, ist die auf dem Pfirsichfluß von Guilin nach Yangshuo (Beschreibung siehe »Steckbrief Guilin«!).

Steckbrief	**GUANGZHOU**
TECHNISCHES **– Anreise –**	*Flüge* z.B. Beijing (300.–), Guilin (60.–, Kunming (165.–), Shanghai 155.–), Xian (220.–). Eisenbahn z.B. ab Beijing (40 Std., 110.– Hardsleeper), Chengdu (50, 120.–), Kunming (40, 102.–), Shanghai (34, 85.–), Xian (37, 100.–). *Busverbindung* ab Überlandbusterminal (westl. d. Bhf.) tgl. u.a. nach Fuzhou, Xiamen, Wuzhou etc. Schiffsverbindung z.B. ab Hainan (tgl., 24 Std., 20.– – 90.–), Shanghai (tgl., 60 Std., 50.– – 120.–), auch ab Hongkong und Macao (Zhoutouzi – Wharf).
– Übernachtung –	*Shamian Youth Hostel,* gegenüber White Swan Hotel auf der Shamian Flußinsel, ca. 10.– FEC/Pers. *Liu Hua Hotel,* Huanshi Xi Lu, gegenüber Bahnhof, Travellertreff, oft vollbelegt. *Overseas Chinese Hotel* (etwa 300 m hinter dem Liu Hua Hotel), großer lärmiger Hotelneubau. *Dong Fang Hotel,* Xicun Lu, preiswerte Unterkunft in Mehrbettzimmern.
– Essen –	Die Kanton-Küche ist eine der vielseitigsten und schmackhaftesten in ganz China. In Restaurants und an den Straßenständen der Nachtmärkte gibt es alle nur erdenklichen exotischen Spezialitäten (Schlange, Hund, Affe, Kröte etc. ..). Canton Restaurant, Ecke Xiuli Lu/Wenchang Lu: berühmt für kantonesische Küche. Snake Restaurant, Jianglan Lu 47 (Nähe Renmin Lu): lebende Schlangen zum Aussuchen! Am Abend gute Essensstände um das südliche Ende der Renmin Lu und in der Liu'ersan Lu.
– Transport –	Gutes Stadtbusnetz, z.B. Bus 5 zwischen Bahnhof und Shamian Insel, Bus 7 und 18 zum Guangzhou-Pier (Passenger Terminal z.B. nach Wuzhou), Bus 10 zur Zhoutouzi-Wharf (Schiffe nach Macao, Hongkong und Hainan).

Steckbrief	**GUANGZHOU** (Fortsetzung)
SEHENSWERTES **– Stadt –**	*Liurong Tempel:* Tempel der 6 Banyan-Bäume mit 57 Meter hoher Pagode aus dem 6. Jahrhundert (schöner Blick von der Spitze). *Guangxiao Kloster:* große Anlage mit hübschem Garten und eindrucksvoller Haupthalle. *Huaisheng Moschee:* an der Guangta Lu, über 1000 Jahre alt mit wuchtigem Minarett. *Gedenkhalle* für Dr. Sun Yat Sen: imposanter Hallenbau im klassischen Stil, aus Spenden finanziert. *Liuhua Park:* südlich des Bahnhofes an der Renmin Beilu mit weitläufigen Seen. *Yuexiu Park:* östlich des Bahnhofes mit 5-stöck. Zhenhai Turm aus dem 14. Jahrhundert (Museum). *Straßenmärkte,* besonders der Qingping Markt, nördlich der Liu'ersan Lu: buntes Straßenleben, insbesondere unglaubliche Vielfalt an Tieren.
– Umgebung –	*Conghua Quelle:* 81 km von Guangzhou, von Bergen und Bambushainen umgeben, malerische Dörfer in der Umgebung. *Foshan:* 30 km westlich von Guangzhou, Zentrum des kunsthandwerklichen Schaffens der Provinz Guangdong. *Zhaoqing:* 118 km von Guangzhou, etwa 40 Gebäude, Pavillons und Terrassen in trad. Stil am Sieben Sterne See mit über 20 km langem Damm. Unterkunft im Zhaoqing-Daxia, Ecke Duanzhou Lu/Tianming Lu.
SONSTIGES	Einkaufen: Freundschaftsladen in der Huanshi Zhonglu; Antiquitätengeschäfte in der Hongshu Lu und in der Wende Lu. Informationen: CITS, Huanshi Lu 179.

Steckbrief	**BAHNFAHREN IN CHINA**
TECHNISCHES **– Information –**	Fahrplan (China Railway Timetable) in Englisch und Chinesisch an größeren Bahnhöfen erhältlich. Unentbehrlich mit Zugnummern, Zeiten, Netzplänen und Preisen.
– Zugklassen und Preise –	4 Klassen: 1. Weichbett (Softsleeper, Ruanwoche), 2. Weichsitz (Softseat, Ruanzuoche), 3. Hartbett (Hardsleeper, Yingwoche), 4. Hartsitz (Hardseat, Yingzuoche). 1. und 2. für längere Strecken recht teuer, 4. sehr anstrengend und überfüllt. 3. ist preiswert und empfehlenswert. Preisbeispiel Beijing – Shanghai (1462 km): 1.:150.–, 2.:110.–, 3.:80.–, 4.:50.–.

Steckbrief	**BAHNFAHREN IN CHINA** (Fortsetzung)
– Fahrkarten-verkauf –	Fahrkarten mindestens 1 Tag im voraus kaufen. Verkaufsbeginn etwa 2 bis 5 Tage vor Abfahrt, billige Klassen sind rasch ausgebucht, bes. 3. In großen Städten: Längerfristige Reservierung in separaten Reservierungsbüros möglich. Geduld mitbringen: Oft lange Warteschlangen vor den Kartenschaltern. Notfalls Reiseziel, Zugnummer, gewünschten Reisetag und Klasse im Hotel Chinesisch aufschreiben lassen und vorzeigen – Bahnpersonal spricht kein Englisch! Am Schalter dann nicht abwimmeln lassen: Für Touristen sind praktisch immer noch Karten erhältlich, auch, wenn offiziell ausgebucht. Guter Trick: Chinesen oder Ausländer mit chines. Studentenausweis bitten, die Karte zu kaufen: Bezahlen durch Subvention nur halben Preis!
– Fahrkarte –	Zugnummer, Datum, Abfahrtszeit, Wagen- und Sitznummer sind aufgeschrieben. Prüfen!
– Abfahrt –	Chinesische Züge sind sehr pünktlich. Mindestens eine halbe Stunde vor Abfahrt am Bahnhof sein, da großes Gedrängel!
– Verpflegung –	3 x täglich im Zugspeisewagen, auch Essensausgabe in anderen Wagen: Essensmarken werden für 1.– – 2.– etwa eine Stunde vor den Mahlzeiten vom Bahnpersonal verkauft. Einkaufsmöglichkeiten auch bei fast allen Stops direkt auf dem Bahnsteig. Früchte und »Spezielles« selber mitbringen! Tasse und Teeblätter/-beutel, ebenso Trockennudeln und Suppenwürfel sind sehr nützlich: Heißes Wasser gibt es in jedem Wagen.
SEHENSWERTES **– Erlebens wertes –**	Gute Kontaktmöglichkeiten zu Chinesen besonders im Hardsleeper (auch Englischsprechende). Einige landschaftlich besonders sehenswerte Bahnstrecken, z.B.: Lanzhou – Turfan (Wüste), Chengdu – Kunming (Schluchten und Tunnels), Kunming – Guilin (Berglandschaft).
SONSTIGES	Die Bahn in China ist empfehlenswert, da sauber und sicher, oft einziges Verkehrsmittel für Langstrecken. Durchschnittsgeschwindigkeit, je nach Topografie: 40 – 60 KM/H. Langstreckentickets sind billiger als Kurzstreckenkarten, die Fahrt meist unterbrechbar. Nachlösen für höhere Klassen im Zug: in Wagen Nr. 8, Seite nach Nr. 7. Gleich nach Zuganfahrt am kleinen Ticketschalter anstellen! Nichtbenutzte Tickets können bis 2 Stunden nach Zugabfahrt zurückgegeben werden.

Steckbrief	**SUZHOU**
TECHNISCHES	
– Anreise –	*Bahnverbindung* z.B. Beijing (21 Std., 70.– Hardsleeper), Chongqing (43, 140.–), Xian (24, 80.–). Mehrmals täglich auch Bahnverbindung nach Shanghai, Nanjing und Wuxi. *Schiffsverbindung:* nach Hangzhou tgl. 5.50 und 17.30 (15 Std. Fahrzeit, 4.– Hardsleeper), Fahrkarten am Hafen (Paß mit Visum mitnehmen!). *Stadtbusverbindung* zum Hafen aber erst ab 5.30!
– Übernachtung –	*Suzhou Grand Hotel,* Youyi Jie 115, Bus 2 und 4 ab Bahnhof, preiswerte Mehrbettzimmer im Altbau. *Lexiang Hotel,* Dajiang Lu (Nähe Renmin Lu). *Nan Lin Hotel,* Youji Jie, Bus 1, mit gepflegtem Park und Mehrbettzimmern.
– Essen –	Songhelou Restaurant, Guangjian Jie 142. Dongting Restaurant, Renmin Lu. Xinyufeng Restaurant, Renmin Lu.
– Transport –	Gutes Stadtbusnetz.
SEHENSWERTES	
– Stadt –	*Generell:* Berühmte Gärten und klassische Parkanlagen, verzweigte malerische Kanäle und engwinklige Altstadtquartiere, besonders westlich der Renmin Lu und um das Nan Lin Hotel. *Garten des Herrn der Netze:* in der Youyi Lu, der kleinste der Gärten von Suzhou, gleichzeitig einer der schönsten; aus dem 12. Jahrhundert. *Pavillon der wogenden Brandung:* östlich der Renmin Lu im Süden der Altstadt; aus dem 11. Jahrhundert, künstliche Hügellandschaft mit hübschen Aussichtspavillons. *Garten des bescheidenen Verwalters* (Zhou Zheng Yuan): in der Xibei Lu, aus dem 16. Jahrhundert, mit künstlichem See, Inseln, prächtigen Pavillons, einer davon mit fast ganz in Glas aufgelösten Außenwänden. Kleines Teehaus im äußeren Bezirk des Gartens. *Steinlöwenwald* (Shi Zi Lin): in der Lindun Lu. künstliche Landschaft mit einem Labyrinth aus bizarr geformten Tuffsteinen und einer Ausstellung prächtiger antiker Möbel. *Tempel der Mysterien* (Xuan Miao Guan): wichtigste Tempelanlage aus dem 3. Jahrhundert im Herzen der Stadt, jedoch zu einem Teil mit kleinen Läden ausgefüllt, die hier Kunsthandwerk verkaufen! *2 Pagoden Tempel* (Shuang Ta Si): östlich der Fenghuang Lu): kleine Anlage mit schlanken, eleganten Zwillingspagoden. *Bei Si Ta:* 8-stöckige mächtige Pagode im Norden der Innenstadt mit schöner Aussicht. *Brücken des Kaiserkanals* (ca. 3 km westlich des Zentrums, Bus 5): malerische Beobachtungen des Lebens auf dem Wasser, in der Nähe: Stadttor Jin Men.

Steckbrief	**SUZHOU** (Fortsetzung)
SEHENSWERTES **– Umgebung –**	*Tigerhügel* (Hu Qiu): etwas außerhalb im Nordosten der Stadt, künstlicher Grabhügel, gekrönt von einer Pagode, umgeben von einem typischen chinesischen Garten mit Wasserfällen und Bachläufen. *Wuxi:* 1/2-Millionenstadt, Zentrum der Seidenraupenzucht, einige hübsche alte Straßenzüge und Parkanlagen (Jichang Yuan, Li Yuan). *Hangzhou:* Touristische Stadt mit sehr vielen Sehenswürdigkeiten, besonders in der Gegend des Westsees.
SONSTIGES	Informationen: CITS, Shipi Jie, Shiquan Lu. Einkäufe: Gute Einkaufsmöglichkeiten für Kunstgewerbe, z.B. auch für Musikinstrumente, im obengenannten Basar im Tempel der Mysterien und im nahegelegenen Freundschaftsladen. Theater: in der Yin Nian Lu. Möglichkeit zur Besichtigung von Seidenfabriken und Stickereien über CITS.

Steckbrief	**SHANGHAI**
TECHNISCHES **– Anreise –**	*Flüge* z.B. ab Beijing (175.–), Chengdu (280.–), Guangzhou (155.–), Guilin (167.–), Kunming (284.–), Urumqi (450.–), Xian (132.–). *Eisenbahn* z.B. ab Beijing (24 Std., 80.– Hardsleeper), Chengdu (40 Std., 104.–), Guangzhou (33 Std., 85.–), Kunming (55 Std., 140.–). *Schiffsverbindungen* z.B. von/nach Qingdao (26 Std., 20.– – 70.–), Guangzhou (60 Std., 50.– – 100.–), Chongqing (Yangtse, 7 Tage, 50.– – 180.–), Hongkong (1 x wöchentlich, 3 1/2 Tage Fahrt, 90.– – 210.–), Japan (alle 10 Tage, ca. 100.– US$).
– Übernachtung –	*Pujiang Hotel,* nördlich der Suzhou-Brücke: Ehem. Prachthotel mit Mehrbettzimmern, 10 Yuan/Bett. *Peace Hotel*, Nanjing Donglu 20, T211244: preiswerte Übernachtung für Studenten in China. *Guoji Hotel* (International), Nanjing Xilu 170, T225225.
– Essen –	Spezialitäten der Stadt: Meeresspezialitäten, Shanghai-Ente. Cafe Deda und Kaige-Cafe, Nanjing Lu: ehemals deutsche Cafes mit leckerem Gebäck, gutem Kuchen und Eisspezialitäten, Studententreff! Seagull-Hotel, neben Pujiang-Hotel: gutes und preiswertes Essen im Restaurant im 1. Stock, Geheimtip: Hot and Sour Soup. »Jade-Buddha-Tempel« Restaurant im Tempel, Quyuan-Restaurant, Fuzhou Lu 566, T223176: Suzhou- und Wuxi-Küche. »Floating Restaurants« auf Schiffen am Bund.
– Transport –	Gutes Stadtbusnetz, z.B.: Busse 13, 14, 15, 41 zum Bahnhof, Busse 20, 26, 27, 42, 48, 55, 65 zum Bund.

Steckbrief	**SHANGHAI** (Fortsetzung)
SEHENSWERTES **– Stadt –**	*Der Bund:* Prachtstraße am Huangpu mit alten Bank- und Hotelbauten und Promenade. Morgens: Alte Leute beim Tai Ji, abends: Liebespaare an der Ufermauer, Flußpanorama. *Yu Yuan:* Klassische Parkanlage mit dem berühmten Wu Xin Ting-Teehaus inmitten von Pavillons und künstl. Seen und Hügeln. Mitten in der Altstadt von Shanghai gelegen. *Yufo Tempel:* »Weißer Jadebuddhatempel« mit übermannshohen Statuen aus burmesischer Jade. *Longhua Pagode:* Eindrucksvolle Pagode und prächtige Tempelanlage im Südwesten der Stadt. *Gründungshaus der Kommunistischen Partei:* Westlich des Fuxing-Parks, heute Museum, 1921 formierte sich hier die KPCh. *Museum für Kunst und Geschichte:* Henan/Yanan Lu, tgl. 8.30 – 12.00, 13.00 – 17.00, umfangreiche Sammlungen, sehr sehenswert.
– Umgebung –	Ein- oder Mehrtagesausflüge mit der Bahn nach Suzhou, Hangzhou und Wuxi – geschichtsreiche Städte mit traditionellen Gartenanlagen, Tempeln, Pagoden und gemütlicher Atmosphäre.
SONSTIGES	Hafenrundfahrten: Abfahrt der Schiffe 2 x täglich am nördlichen Ende des Bund an der Bushaltestelle (15.–, ca. 4 Std.). Treffpunkte am Abend: International Seamans' Club (gegenüber Pujiang-Hotel), Bar des Peace-Hotel (Tanz), über 40 Theater (Buchungsbüro: Nanjing Lu 660), 1 x wöchentlich deutsche Filme im dt. Generalkonsulat, Yongfu Lu 151, T379951. Kontakte zu englisch- und deutschsprechenden Studenten: Cafehäuser, Tongji-Universität. Einkäufe: Nanjing Lu (Zweitgrößtes Kaufhaus in China i. d. Nr. 800), Freundschaftsladen (Huangpu Lu, nahe des nördlichen Ende des Bund).

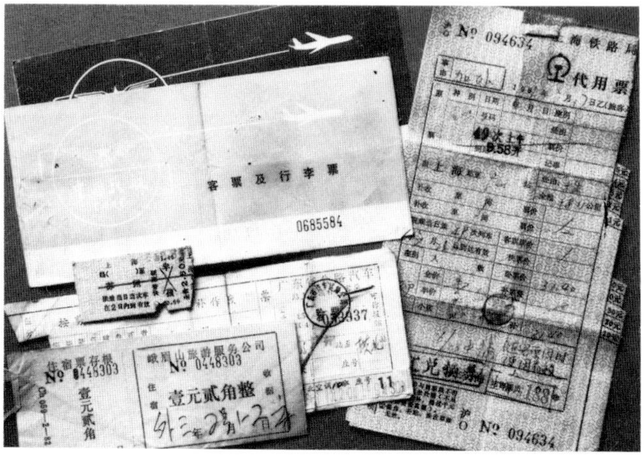

Andenken an eine lange Reise: Flugtickets, Bahn- und Busfahrkarten.

Steckbrief	**MACAO**
TECHNISCHES	
– Anreise –	*ab/an China:* Mehrmals täglich Busverbindung zwischen Guangzhou und Portas do Cerco (Grenze) etwa 4 Std. Fahrzeit, 3.– – 5.– RMB. Fährschiffe nach Guangzhou: alle 2 Tage ab Inner Harbour, 12 Std. Fahrt. *ab/an Hongkong:* mehrmals täglich Fährschiffe (2 1/2 Std., 15.– – 30.– Patacas), Tragflächenboote (1 Std., 70.– – 100.– Patacas) ab Hongkong-Pier, 2 km westlich Hotel Lisboa (fast stündlich).
– Übernachtung –	Billige Unterkünfte im Gebiet hinter dem Hotel Lisboa (1), aber auch um das Nordende der Avenida de Almeida Ribeiro (2). Hospedarias und kleine Villen verlangen 30.– – 80.– Ptcas. pro Bett. Villa Jing Jing (1), Villa Long Va (2), Hotel Cantao (2), Villa Kava (2).
– Essen –	Hervorragende, eigenständige Küche aus der Mischung von chinesischer Tradition und Zutaten sowie portugiesischem Einfluß. Spezialitäten: Bacalhau (Kabeljau), Gallinha (Hühnchen), Sopa, Kaninchen und Ochsenfleisch. Portugiesische Weine sind in Restaurants und Läden erhältlich. Gute und preiswerte Lokale überall im Altstadtbereich, besonderer Geheimtip: Restaurant Prazer, Ecke Rua da Felicidade / Rua dos Mercadores.
– Transport –	Die Stadtbusse 2, 3 und 4 fahren alle für den Besucher interessanten Orte an. Zu den vorgelagerten Inseln Taipa und Coloane fahren Busse ab Inner Harbour für 1.– – 2.– Ptcas. (über die schöne, 1.6 Meilen lange Brücke). *Autoverleih:* kleine offene Jeeps (Mini-Mokes) kosten etwa 300.– – 500.– Ptcas. pro Tag. *Fahrradverleih:* für 1.– bis 3.– Ptcas. pro Stunde am Hotel Lisboa.
SEHENSWERTES	*Ruinas de Sao Paulo:* Wahrzeichen der Stadt, eindrucksvolle Kirchenfront im Rokokostil, der Rest der Kathedrale ist zerstört. *Leal Senado:* Rathaus, spanisch beeinflußte Architektur mit Patio und Azuleijos, häufig Ausstellungen. *Residencia do Dr. Sun Yat Sen:* Museum zur Erinnerung an Dr. Sun, Av. Sidonio, geöffnet täglich außer Dienstag. *Ma Kok Miu Tempel:* Chines. Tempel an Barra Point für die Schutzpatronin der Stadt. *Kun lam Tong Tempel:* Av. do Coronel Mesquita, einer der größten und schönsten buddhistischen Tempel von Macao. *Protestantischer Friedhof:* Sehenswerter und stimmungsvoller alter Friedhof mit den Grabstätten vieler Europäer (Missionare, Seeleute, Soldaten, Dichter). *Altstadtgassen* zwischen Av. de Almeida Ribeiro und Ruinas de Sao Paulo und Aussichtspunkt des alten Forts.

Steckbrief	**MACAO** (Fortsetzung)
SONSTIGES	*Sprache:* Zweisprachig – kanton-chinesisch und portugiesisch, kaum Probleme mit Englisch. *Einkäufe:* Günstige Einkaufsmöglichkeiten für Gold und Juwelen (Kennsiegel der Macao Goldsmith Association beachten!); Kameras, Filme etc. (etwas teurer als in Hongkong), günstige Antiquitäten in Trödlerläden der Altstadt. *Glücksspiel:* Macao ist wichtigstes Spielerparadies in Asien. Kasinos nach amerikan. Muster sind 24 Std. geöffnet: Casino im Hotel Lisboa (exklusiv), Casino Jai A Lai am Pier der Boote nach Hongkong (hier u.a. schnellstes Ballspiel der Welt), Floating Casino am Inneren Hafen. Information: Department of Tourism, Travessa do Paiva 1, Macao. Visa für die VR-China: China Travel Service, Rua do Praia Grande 63, Macao.

Auch meinem »Travel Permit« sah man nach Monaten die Strapazen der Reise an!

Auf chinesischen Postämtern kann man oft aus einer Vielzahl sehr fein gestalteter Sondermarken mit Motiven des Landes auswählen – darüber freuen sich auch die Daheimgebliebenen!

In der chinesischen Währung gibt es neben dem Renmimbi (Volksgeld) auch das FEC (Foreign Exchange Certificate), das einzige Geld, das der Tourist offiziell verwenden darf. Das FEC soll jedoch abgeschafft werden, um dem damit verbundenen Schwarzmarkt den Boden zu entziehen.

Steckbrief	**HONGKONG**
TECHNISCHES	
– Anreise –	*– ab/bis China:* Flüge z.B. Beijing (1400.– HK$ = ca. 400.– DM), Kunming (950.– HK$), Shanghai (1200.– HK$). Bahnverbindung: ab Hung-Hom Station, Kowloon, mit Schnellbahn zur Grenze Lo Wu/Shenzen (5.– HK$, 50 Min.), von dort für 5.– FEC Bummelzug nach Guangzhou. Schiffsverbindungen z.B. Guangzhou (2 x tägl., 70.– – 150.– HK$), Shanghai (1 x wöchentlich, 400.– HK$). *– in andere Länder:* Sehr preiswerte Flüge in andere Staaten Asiens, besonders auch an die Westküste der USA mit zahlreichen Stopovermöglichkeiten (Taiwan, Korea etc.).
– Übernachtung –	Relativ preiswerte Unterkünfte und Pensionen in Hochhausetagen vor allem in Kowloon, z.B.: Chungking Mansions, 34-36 Nathan Rd – riesiger, heruntergekommener Komplex mit zahlreichen Pensionen in den Obergeschossen, empfehlenswert: Travellers Hostel, Block A, 16. Stock. Garden Guesthouse, Mody Road, nahe d. Nathan Rd. International Youth Accomodation Ctre., Lock Rd. 21 YMCA-Hotel, Salisbury Rd. (preiswert im alten Flügel). Für längere Aufenthalte empfehlenswert, da ruhiger und angenehmer, aber eben auch abgelegener: Mt. Davis Youth Hostel (Bus 5 A ab H.K. Zentrum) sowie Unterkünfte auf den Inseln, z.B. Lantau (Trappistenkloster) oder Cheung Chau (Pine Hotel).
– Essen –	Schnellrestaurants nach amerik. Muster überall in Kowloon und H.K. (Pizza Hut, Wendy's etc. ...). Mehr Lokalkolorit: Essensstände auf dem chines. Nachtmarkt (Kowloon, um die Temple Street) oder bei Poor Men's Nightclub (H.K., westl. der Piers). Zur Abwechslung: original indische und nepalesische Imbißbuden in Chungking Mansions, 1. Stock. Preiswertes Menü (Mittag- und Abendessen) auch im Restaurant des YMCA, Kow., Salisbury Rd.
– Transport –	*Stadtbus:* dichtes Netz, Hauptterminals am Star Ferry Pier, Kow., sowie in H.K. etwas westlich d. Star Ferry Pier. Netzkarte im Tourist Office. *U-Bahn (Mass Transport Railway):* schnellstes und hochmodernes Verkehrsmittel, etwas teurer als Bus. *Straßenbahn:* nostalgisch-antiquierte Doppeldeckerwagen zw. Victoria und Wanchai, H.K. *Star Ferry:* verkehrt pausenlos zw. Kow. und H.K. von 6.30 bis 23.30, 50 cents im Unterdeck, getrennte Raucher-/Nichtraucherräume. *Taxi:* 5.– HK$ für die ersten 5 km, jeder weitere km 2.– HK$, 10.– HK$ Aufschlag für Cross Harbour Tunnel.

Steckbrief	**HONGKONG** (Fortsetzung)
SEHENSWERTES **– Stadt –**	*Hongkong:* *Central District:* Hotel- und Bankenviertel um den Star Ferry Pier, chinesische Märkte zwischen Queens Rd. und Des Voeux Rd. West. *Man Mo Tempel:* ältester chines. Tempel in H.K., Ecke Hollywood Rd./Ladder Street (westl. Zentrum). *Aberdeen:* bunter Hafen im Süden, einige Wohnboote. *Victoria Peak:* unvergeßlicher Blick über Stadt und Meer bei Tag und Nacht. Bus 15 oder Peak-Tram. *Botanischer Garten:* schöne Anlage mit Zoo. Kowloon: *Chinesischer Nachtmarkt:* um die Temple Street. *Yaumati:* sturmgeschützter Hafen, einige Wohnboote. *Tinhau Tempel:* dicht an der Nathan Rd., östl. Yaumati. *Laichikok:* Vergnügungspark, Nachbau eines chines. Dorfes der Sung-Zeit, Bus 6 A ab Star Ferry. *Space Museum:* sehr sehenswert gegenüber YMCA.
– Umgebung –	*New Territories:* ländliches Gebiet mit Trabantenstädten zw. Kow. und der VR China. Sehenswürdigkeiten: Ching Chung Koon Tempel, Lok Ma Chau Aussichtspunkt. Inseln Lantau u. Cheung Chau: Fischerdörfer und ländliche Atmosphäre, stündliche Fähren ab H.K.
SONSTIGES	Info: H.K. 35th Floor, Connaught Centre. Chines. Oper: tägl. 20.00 Laichikok-Park. Badestrände: Im Süden, z.B. South Bay, Repulse Bay.

Abenteuer für Individualisten

323 Seiten,
84 Abbildungen,
34 Zeichnungen,
brosch., DM 24,–

176 Seiten,
84 Abbildungen,
davon 12 farbig,
gebunden, DM 42,–

192 Seiten, 114 Abb.,
davon 15 farbig,
Großformat,
gebunden, DM 36,–

232 Seiten, 108 Abb.,
davon 35 farbig,
Großformat,
gebunden, DM 25,–

224 Seiten,
91 Abbildungen,
davon 28 farbig,
brosch., DM 29,–

ABENTEUER-URLAUB

Handbuch für Individualreisen

Von W. R. Rhamm

In diesem Buch zeigt der Autor, wo heute ein individueller Abenteuer-Urlaub möglich ist. Er hat die faszinierendsten Routen in Afrika, Alaska, Kanada, im Dschungel und selbst in Europa zusammengestellt. In speziellen Kapiteln behandelt von Rhamm alle Aspekte der richtigen Ausrüstung, der benötigten Visa und Papiere.

ABENTEUER ISLAND

Expedition in Eis, Lavawüste u. Wildwasser

Von Achill Moser

Achill Moser und sein Begleiter haben die endlose Lava-Wüste und den wildesten Fluß in Island bezwungen. Die packende Reisebeschreibung wird mit umfangreichen Ratschlägen für Islandsreisen ergänzt. Brillante Fotos, illustrieren dieses begeisternde Werk.

ABENTEUER ARKTIS

Polarexpeditionen: Vorbereitung · Training · Ausrüstung · Ernährung

Von Arved Fuchs

Arktis – Heimat der Eisbären und Eskimos, der Stürme und Kälte. Diese extreme Lebenszone hat Arved Fuchs auf seinen riskanten Solo-Expeditionen hautnah und unverfälscht erlebt. Die Fülle der Informationen zur Vorbereitung und Durchführung hilft bei eigenen Unternehmungen.

ABENTEUER SAHARA

Mit dem Auto durch die Wüste

Von Rainer Falk

Die Durchquerung der Sahara ist eines der letzten großen Abenteuer unserer Zeit, und Rainer Falk hat dieses Abenteuer immer wieder gesucht. Schon unzählige Male fuhren er und seine Begleitmannschaft kreuz und quer durch die größte Wüste der Erde und waren immer aufs neue fasziniert.

EXPEDITIONEN

Handbuch für Planung und Praxis

Von Nigel Gifford

Dieses ausgezeichnete Handbuch hilft die Organisation und Durchführung einer Expedition zu erleichtern und zu verbessern. Alle Probleme, die im Zusammenhang mit einer Expedition auftauchen, werden ausführlich und fundiert behandelt.

Der Verlag für Abenteuer

Postfach 1370 · D-7000 Stuttgart 1

pietsch

URUMQI
TURFAN
KASHGAR
DUNHUANG
GOLMUD
XINING
LANZH
SHIGAZE
LHASA
GYANGTSE
CHEN
EMEISHAN
LIJIANG
DALI
KUNMI
SIMAO
JINHONG